educamos•sm

Caro aluno, seja bem-vindo à sua plataforma do conhecimento!

A partir de agora, você tem à sua disposição uma plataforma que reúne, em um só lugar, recursos educacionais digitais que complementam os livros impressos e são desenvolvidos especialmente para auxiliar você em seus estudos. Veja como é fácil e rápido acessar os recursos deste projeto.

1 Faça a ativação dos códigos dos seus livros.

Se você NÃO tiver cadastro na plataforma:

- Para acessar os recursos digitais, você precisa estar cadastrado na plataforma educamos.sm. Em seu computador, acesse o endereço <**br.educamos.sm**>.
- No canto superior direito, clique em "**Primeiro acesso? Clique aqui**". Para iniciar o cadastro, insira o código indicado abaixo.
- Depois de incluir todos os códigos, clique em "**Registrar-se**" e, em seguida, preencha o formulário para concluir esta etapa.

Se você JÁ fez cadastro na plataforma:

- Em seu computador, acesse a plataforma e faça o *login* no canto superior direito.
- Em seguida, você visualizará os livros que já estão ativados em seu perfil. Clique no botão "**Adicionar livro**" e insira o código abaixo.

CB131276

Este é o seu código de ativação! →

DRSNN-9FQBR-AX4AP

LIVRO AJ PORTUGUES 5 (LA) BNCC ED 2018

2 Acesse os recursos.

Usando um computador

Acesse o endereço <**br.educamos.sm**> e faça o *login* no canto superior direito. Nessa página, você visualizará todos os seus livros cadastrados. Para acessar o livro desejado, basta clicar na sua capa.

Usando um dispositivo móvel

Instale o aplicativo **educamos.sm**, que está disponível gratuitamente na loja de aplicativos do dispositivo. Utilize o mesmo *login* e a mesma senha da plataforma para acessar o aplicativo.

Importante! Não se esqueça de sempre cadastrar seus livros da SM em seu perfil. Assim, você garante a visualização dos seus conteúdos, seja no computador, seja no dispositivo móvel. Em caso de dúvida, entre em contato com nosso canal de atendimento pelo **telefone 0800 72 54876** ou pelo ***e-mail* atendimento@grupo-sm.com**.

15818

sm

Aprender juntos

5

5º ano

LÍNGUA PORTUGUESA

ENSINO FUNDAMENTAL

CÍCERO DE OLIVEIRA SILVA

- Bacharel em Comunicação Social pela Pontifícia Universidade Católica de São Paulo (PUC-SP).

ELIZABETH GAVIOLI DE OLIVEIRA SILVA

- Bacharela e licenciada em Letras pela Faculdade de Filosofia, Letras e Ciências Humanas (FFLCH) da Universidade de São Paulo (USP).
- Professora de Língua Portuguesa no Ensino Fundamental e de Alfabetização e Língua Portuguesa na Educação de Jovens e Adultos.

GRETA MARCHETTI

- Bacharela e licenciada em Letras pela FFLCH-USP.
- Mestra em Educação pela Faculdade de Educação da USP.
- Doutora em Linguística Aplicada pela PUC-SP.
- Professora-coordenadora da área de Língua Portuguesa.

São Paulo, 6ª edição, 2017

sm

Aprender Juntos **Língua Portuguesa 5**

Direção editorial M. Esther Nejm
Gerência editorial Cláudia Carvalho Neves
Gerência de *design* e produção André Monteiro
Edição executiva Isadora Pileggi Perassollo
Edição: Andréia Tenório dos Santos, Beatriz Augusto Rezende, Camila dos Santos Ribeiro, Cláudia Letícia Vendrame Santos, Eloiza Mendes Lopes, Isadora Pileggi Perassollo, Juliana Paula de Souza, Kelly Soares, Liliane Fernanda Pedroso, Luciana Pereira da Silva, Mariana de Lima Albertini, Millyane Magna Moura Moreira, Rosemeire Carbonari, Sandra Regina de Souza, Valéria Franco Jacintho
Colaboração técnico-pedagógica: Cínthia Siqueira, Cristiane Imperador, Fabiana Teixeira Lima, Liliane Fernanda Pedroso, Marília Rodella de Oliveira, Millyane Magna Moura Moreira
Assistência de edição: Camila Barroso Guimarães
Suporte editorial Alzira Bertholim, Fernanda Fortunato, Giselle Marangon, Talita Vieira, Silvana Siqueira
Coordenação de preparação e revisão Cláudia Rodrigues do Espírito Santo
Preparação e revisão: Berenice Baeder, Cristiano Oliveira, Fernanda Oliveira Souza, Rosinei Aparecida Rodrigues Araujo, Valéria Cristina Borsanelli
Apoio de equipe: Beatriz Nascimento, Camila Durães Torres
Coordenação de *design* Gilciane Munhoz
***Design*:** Tiago Stéfano
Coordenação de arte Ulisses Pires, Juliano de Arruda Fernandes, Melissa Steiner Rocha Antunes
Edição de arte: Andressa Fiorio, Bruna Fava
Assistência de arte: Angelice Taioque Moreira
Coordenação de iconografia Josiane Laurentino
Pesquisa iconográfica: Bianca Fanelli
Tratamento de imagem: Marcelo Casaro
Capa João Brito, Gilciane Munhoz
Ilustração da capa: A mascoteria
Projeto gráfico Estúdio Insólito
Editoração eletrônica Arbore Editoração
Ilustrações Bruna Assis Brasil, Bruna Ishihara, Fabiana Faiallo, Giz de Cera Studio (Sidney Meireles e Tel Coelho), Graziela Andrade, Leandro Lassmar, Raíssa Bulhões, Vanessa Alexandre, Weberson Santiago
Pré-impressão Américo Jesus
Fabricação Alexander Maeda
Impressão BMF Gráfica e Editora

Dados Internacionais de Catalogação na Publicação (CIP)
(Câmara Brasileira do Livro, SP, Brasil)

Silva, Cícero de Oliveira
Aprender juntos língua portuguesa, 5º ano : ensino fundamental I / Cícero de Oliveira Silva, Elizabeth Gavioli de Oliveira Silva, Greta Nascimento Marchetti ; organizadora Edições SM, obra coletiva concebida, desenvolvida e produzida por Edições SM ; editora responsável Isadora Pileggi Perassollo. — 6. ed. — São Paulo : Edições SM, 2017. — (Aprender juntos)

Suplementado pelo manual do professor.
Bibliografia
ISBN 978-85-418-1887-2 (aluno)
ISBN 978-85-418-1888-9 (professor)

1. Português (Ensino fundamental) I. Silva, Elizabeth Gavioli de Oliveira. II. Marchetti, Greta Nascimento. III. Perassollo, Isadora Pileggi. IV. Título. V. Série.

17-10726 CDD-372.6

Índices para catálogo sistemático:

1. Português : Ensino fundamental 372.6

6ª edição, 2017
3ª impressão, 2019

Edições SM Ltda.
Rua Tenente Lycurgo Lopes da Cruz, 55
Água Branca 05036-120 São Paulo SP Brasil
Tel. 11 2111-7400
edicoessm@grupo-sm.com
www.edicoessm.com.br

Apresentação

Caro aluno,

Este livro foi cuidadosamente pensado para ajudá-lo a construir uma aprendizagem sólida e cheia de significados que lhe sejam úteis não somente hoje, mas também no futuro. Nele, você vai encontrar estímulos para criar, expressar ideias e pensamentos, refletir sobre o que aprende, trocar experiências e conhecimentos.

Os temas, os textos, as imagens e as atividades propostos neste livro oferecem oportunidades para que você se desenvolva como estudante e como cidadão, cultivando valores universais como responsabilidade, respeito, solidariedade, liberdade e justiça.

Acreditamos que é por meio de atitudes positivas e construtivas que se conquistam autonomia e capacidade para tomar decisões acertadas, resolver problemas e superar conflitos.

Esperamos que este material didático contribua para o seu desenvolvimento e para a sua formação.

Bons estudos!

Equipe editorial

Bruna Ishihara/ID/BR

Conheça seu livro

Conhecer seu livro didático vai ajudar você a aproveitar melhor as oportunidades de aprendizagem que ele oferece.

Este volume contém oito capítulos.
Veja como cada capítulo está organizado.

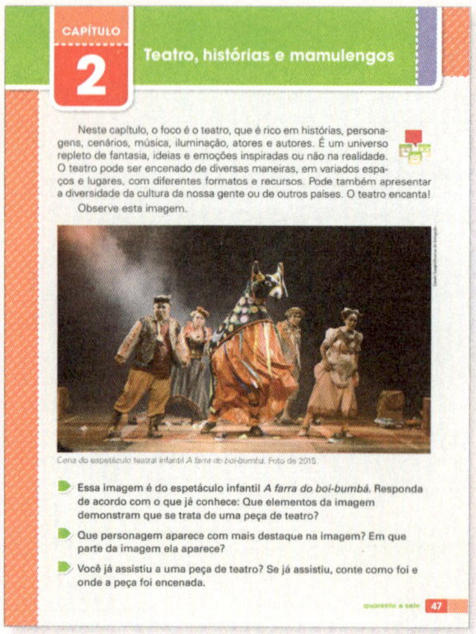

Abertura de capítulo

Essa página marca o início de um capítulo. Textos, imagens e atividades vão fazer você pensar e conversar com os colegas sobre o tema que será trabalhado no capítulo.

Desenvolvimento do assunto

Nas seções dessa parte do capítulo, você vai ler textos variados, refletir sobre aspectos da nossa língua e produzir textos escritos e orais.

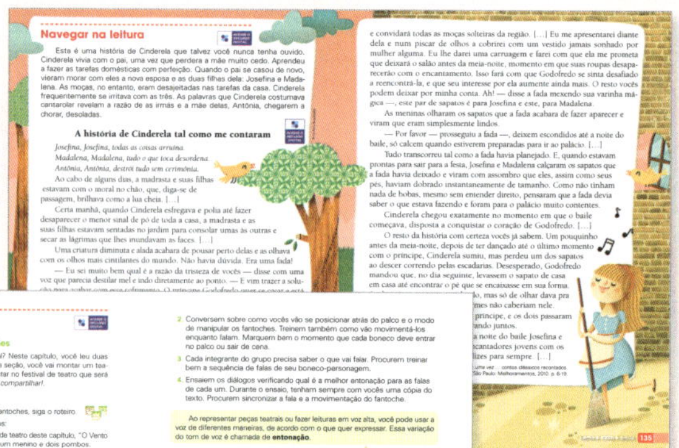

A seção **Navegar na leitura** é um convite à leitura. Você vai conhecer textos diversos e realizar atividades que o ajudarão a pensar sobre o que foi lido e a entender a construção do texto.

Na seção **Olá, oralidade**, você vai participar de atividades que envolvem a produção de textos orais, a declamação de poemas, a contação de histórias e o estudo das relações entre a fala e a escrita.

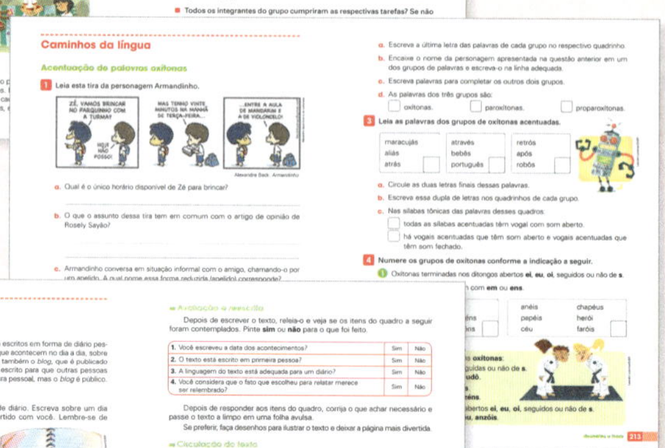

Por meio de atividades, a seção **Caminhos da língua** leva você a se aventurar pelo mundo das letras e a refletir sobre a organização e o uso da língua.

Na seção **Dando asas à produção**, você vai produzir textos escritos destinados a diferentes leitores. Para isso, você vai planejar o que será escrito, avaliar e reescrever.

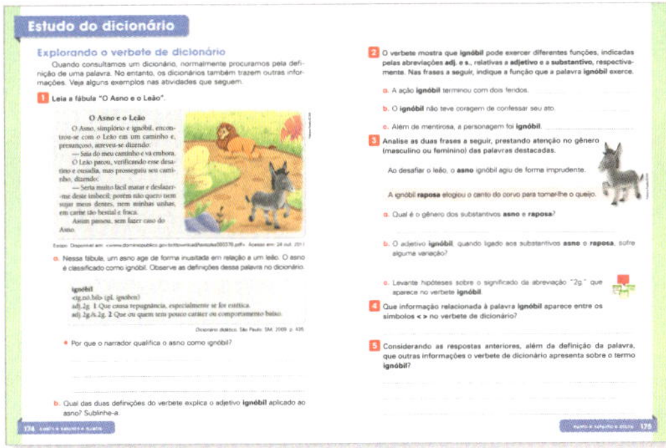

Na seção **Estudo do dicionário**, você vai conhecer essa ótima ferramenta de consulta e perceber que o dicionário pode ajudá-lo em sua aprendizagem.

Na seção **Jogos e brincadeiras**, você vai ter a oportunidade de aprender aspectos da nossa língua de uma maneira divertida.

Finalizando o capítulo

No fim dos capítulos, há seções que buscam ampliar seus conhecimentos sobre a leitura de imagens, a diversidade cultural e os conteúdos abordados no capítulo.

A seção **Vamos ler imagens!** propõe, por meio de atividades, a análise e a apreciação de imagens.

Na seção **Pessoas e lugares**, você vai conhecer algumas características culturais de diferentes comunidades.

A seção **Aprender sempre** é uma oportunidade para verificar e analisar o que aprendeu.

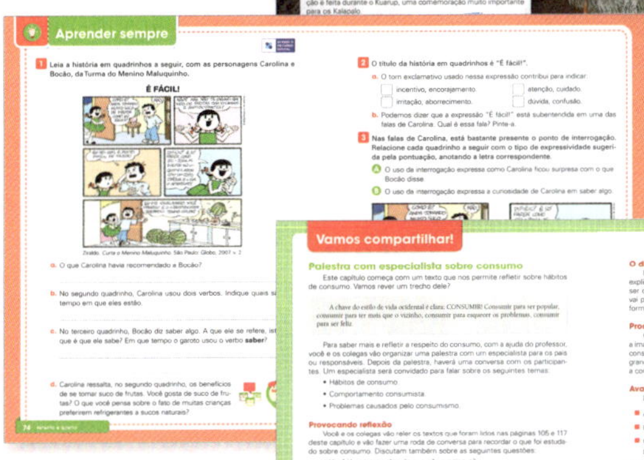

Na seção **Vamos compartilhar!**, você vai realizar apresentações e exposições sobre os assuntos estudados.

Leituras e leitores

Propõe um projeto que propicia momentos de leitura na escola e em casa.

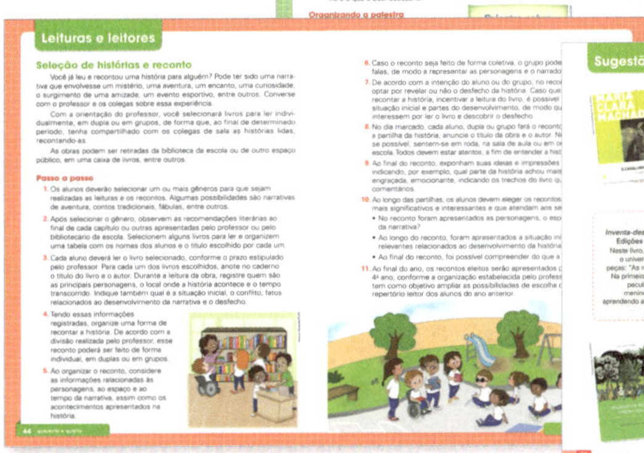

Nas **Sugestões de leitura**, você vai encontrar dicas de livros para ampliar seu universo de leitura.

Ícones usados no livro

Atividade em grupo

Atividade em dupla

Atividade oral

ACESSE O RECURSO DIGITAL — Recurso digital

Saber ser

Sinaliza momentos propícios para professor e alunos refletirem sobre questões relacionadas a valores.

Sumário

Ilustrações: Bruna Assis Brasil/ID/BR

Leandro Lassmar/ID/BR

Weberson Santiago/ID/BR

Raissa Bulhões/ID/BR

CAPÍTULO

5 Agora a história é outra › 133

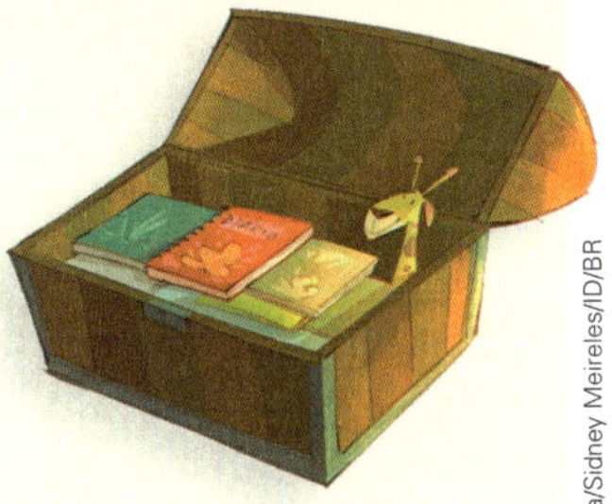

Giz de Cera/Sidney Meireles/ID/BR

CAPÍTULO

6 Identidade e conflito: querer ser o que não é; desejar ter e não alcançar › 161

Fabiana Faiallo/ID/BR

CAPÍTULO

7 Defender ideias › 191

Bruna Ishihara/ID/BR

CAPÍTULO

8 Transformações e ritos de passagem › 223

Raissa Bulhões/ID/BR

Ficha de identificação

Meu nome: ____

____

____

Turma: ____

____

Meu endereço: ____

____

____

Bairro: ____

Cidade: ____

Telefone: ____

Nome dos pais ou responsáveis: ______________________________

____

____

____

CAPÍTULO

1 Na feira tem cultura

Os textos presentes neste capítulo revelam diferentes modos de olhar para o que fazem o músico, o artista e o escritor, trabalhador da poesia e das palavras. Vamos começar essa jornada pela cultura lendo o texto sobre uma feira em Arapiraca, município do estado de Alagoas.

A feira de Arapiraca atrai gente de toda a região do agreste. Logo pela manhã, lavradores, agricultores e pequenos comerciantes chegavam ao lugar para vender, comprar ou trocar os seus produtos. Ao longo da rua, alinhavam várias barracas de lona, nas quais havia de tudo.

Macaxeira, inhame e carne-seca. Peixe fresco, peixe seco e queijo do sertão. Amendoim, castanha de caju, erva-de-passarinho, raspa de juá, fumo-de-corda e coco.

Redes, tecidos, alpargatas, pente, espelho, brilhantina, pó de arroz, broche e água de cheiro.

Doce? Tinha de montão! Quebra-queixo, pé de moleque, tapioca, cocada, bananola, beiju, malcasado, broa de goma, nego-bom, arroz-doce. Brinquedo? Também tinha. Boneca de pano, mané-gostoso, mamulengo, peteca, pião, burrinho com ancoreta, ximbra, boi de barro, rói-rói.

Fernando Favoretto/Criar Imagem

Mané-gostoso, boneco típico das feiras populares do Nordeste.

Edmiriam Módolo Villaça. *O menino Sinhô*: vida e música de Hermeto Pascoal para crianças. São Paulo: Ática, 2007.

- Você já foi a alguma feira com tanta variedade? Como era essa feira? O que tinha nela? Se você não foi, como imagina que ela seja?
- Entre os brinquedos vendidos na feira de Arapiraca está o mané-gostoso, que é um boneco trapezista feito de madeira. Você sabe como se brinca com esse boneco? Em caso afirmativo, conte aos colegas.
- Se você e sua família fossem a uma feira como essa, o que gostariam de ver?

Navegar na leitura

ACESSE O RECURSO DIGITAL

O texto a seguir foi retirado de um livro que conta as memórias de infância de um músico chamado Hermeto Pascoal, um dos grandes artistas da música brasileira. O texto conta um pouco do encanto que o menino Sinhô, nome pelo qual Hermeto Pascoal era conhecido, tinha pela feira de Arapiraca.

Menino Sinhô

Sinhô adorava a feira. Enquanto seu Pascoal se ocupava com as compras para a **bodega**, o menino se divertia a valer no meio daquele **mundaréu** de gente. De calças curtas e suspensórios, ficava zanzando de um lado para o outro, prestando atenção nos **pregoeiros**:

Olha o pirulito doce
da Bahia americana
Quem tem dente chupa cana
Quem não tem come banana!

... cantava o vendedor de puxa-puxa.

O vendedor de pães, equilibrando sobre os ombros dois **balaios** dependurados num cabo de vassoura, cantava um verso muito engraçado:

Olha o pão da maravilha
Quem tem dinheiro compra
Quem não tem espia!

A vendedora de munguzá, um doce de milho muito gostoso, falava assim:

Ui, Ui, Ui!

Sinhô achava tudo muito divertido.

Daquele mundo de sons, de aromas e de cores, a música era do que ele mais gostava.

Bodega: pequeno mercado, venda.
Mundaréu: grande quantidade.
Pregoeiro: pessoa que faz propaganda de algo.
Balaio: cesto grande feito de palha, taquara ou bambu.

Vanessa Alexandre/ID/BR

E música não faltava. **Zabumbeiros**, **emboladores de coco**, **glosadores**, **repentistas** e **cordelistas** se exibiam ali. Curioso, o menino, de rosto redondo e olhinhos apertados, se enfiava no meio do povo para apreciar os artistas populares.

Tinha trava-línguas:

Era mais de cem socó
Para um socó só coçar.

Se a liga me ligasse, eu também ligava a liga
Como a liga não me liga, eu também não ligo a liga.

Puxador de coco com seu pandeiro:

Ô mamãe eu vi Totonho no quintal chupando manga
Eu vi Maria penteando seus cabelos
botando água de cheiro
mais o óleo de mutamba.

Vanessa Alexandre/ID/BR

Zabumbeiro: músico que toca zabumba, um tipo de tambor.
Embolador de coco: poeta cantador que improvisa versos acompanhado de pandeiro.
Glosador: compositor de versos populares.
Repentista: poeta cantador que improvisa versos chamados repentes, acompanhado de violão.
Cordelista: artista que produz cordel.
Realejo: instrumento movido a manivela que toca música.

Tinha tocador de **realejo**, e também a música que vinha dos alto-falantes. Espalhadas pelos postes da praça central, aquelas "cornetas mágicas" traziam até Sinhô as músicas que tocavam no rádio, e que só ali, na feira de Arapiraca, ele podia ouvir – pois não havia rádio em Lagoa da Canoa.

Enquanto nas grandes cidades o samba, o chorinho, o *foxe*, o *boogie-woogie* e as marchinhas de carnaval do compositor Braguinha faziam muito sucesso, no agreste só se ouvia o forró, o xote, o xaxado, o maxixe e o baião.

Quando, no final da tarde, a feira se desfazia, Sinhô voltava para casa. Em silêncio. Ecoando em seu pensamento, aqueles ritmos e melodias iam sendo gravados, para sempre, em seu coração pequenino.

Edmiriam Módolo Villaça. *O menino Sinhô*: vida e música de Hermeto Pascoal para crianças. São Paulo: Ática, 2007.

Texto e contexto

Hermeto Pascoal tem uma extensa produção musical. Já compôs cerca de quatro mil músicas. Também toca diversos instrumentos, como acordeão, pandeiro, flauta, piano, saxofone e trompete.

Robin Little/Redferns/Getty Images

Hermeto Pascoal se apresenta em Londres, Inglaterra, em 2016, aos 80 anos de idade.

Ler para compreender

1 Em que a feira de Arapiraca se parece ou se diferencia das feiras que você conhece?

____

____

____

2 De acordo com o texto de abertura do capítulo, a feira de Arapiraca atrai gente de toda a região do agreste. Procure no dicionário o sentido da palavra **agreste** e tente descobrir de onde vêm as pessoas.

____

____

____

3 No texto são citados alguns trabalhadores da feira.

a. Quais deles cantam ou declamam poemas para divertir o povo?

____

____

____

Vanessa Alexandre/ID/BR

b. Quais deles divulgam seus produtos com textos curtos em versos?

____

____

____

4 O que Sinhô mais gostava na feira? Copie um trecho do texto que comprove sua resposta.

____

____

____

5 Que lembrança permanecia na memória de Sinhô quando, em silêncio, ele ia embora da feira?

____

6 De acordo com o texto, faziam parte da feira zabumbeiros, emboladores de coco, glosadores, repentistas e cordelistas. Como a atividade dessas pessoas se relaciona com a profissão de Sinhô, hoje conhecido como Hermeto Pascoal?

____

____

7 Releia este trecho do texto.

> Tinha tocador de realejo, e também a música que vinha dos alto-falantes. Espalhadas pelos postes da praça central, aquelas "cornetas mágicas" traziam até Sinhô as músicas que tocavam no rádio, e que só ali, na feira de Arapiraca, ele podia ouvir – pois não havia rádio em Lagoa da Canoa.

Vanessa Alexandre/ID/BR

a. Que objetos da feira correspondem às "cornetas mágicas"?

____

b. Por que o narrador chama esses objetos de "cornetas mágicas"?

____

____

____

8 Marque a alternativa adequada. Em meio à narrativa que conta episódios da vida de Sinhô, há versos. A presença de versos:

- [ ] aproxima a narrativa dos textos infantis.
- [ ] deixa a narrativa mais divertida, facilitando sua compreensão.
- [ ] é uma forma de trazer a música da feira para dentro da narrativa.

9 Dizemos que os versos rimam quando, no meio ou no final deles, há palavras com som final igual ou parecido. Copie do texto um conjunto de versos que rimam.

10 Releia estes trechos do texto.

Vanessa Alexandre/ID/BR

Texto 1

Doce? Tinha de montão!

Texto 2

[...] o menino se divertia a valer no meio daquele mundaréu de gente.

a. Que palavras e expressões desses dois trechos revelam o uso de uma linguagem mais parecida com a usada em uma conversa do dia a dia?

b. Por que o narrador optou por usar uma linguagem cotidiana?

- [ ] Por que considera que os acontecimentos não são sérios.
- [ ] Para se aproximar do caráter espontâneo de uma feira.
- [ ] Para usar a linguagem de um artista da feira.

11 Leia o trecho a seguir.

Texto 1

Quando, no final da tarde, a feira se desfazia, Sinhô voltava para casa. Em silêncio. Ecoando em seu pensamento, aqueles ritmos e melodias iam sendo gravados, para sempre, em seu coração pequenino.

■ Compare o que você acabou de ler com outro texto, que conta a mesma cena com outras palavras.

Texto 2

No final da tarde, quando a feira acabava, Sinhô voltava para casa em silêncio. A música que ele ouviu na feira ficava gravada na sua memória para sempre.

Vanessa Alexandre/ID/BR

a. O que você compreendeu da expressão "a feira se desfazia", que aparece no texto **1**?

____

____

b. Para você, a expressão "a feira se desfazia" tem o mesmo sentido de "a feira acabava"? Explique.

____

____

____

c. Qual é a diferença em dizer que os ritmos e melodias iam sendo gravados no coração de Sinhô e dizer que ficavam gravados em sua memória?

- [ ] Ficar gravado no coração dá a ideia de algo guardado com sentimento.
- [ ] Não há diferença, pois gravar uma lembrança no coração ou gravar na memória tem o mesmo sentido.

d. Em qual dos dois textos a linguagem é mais elaborada e expressiva?

- [ ] No texto original.
- [ ] No texto reescrito.

12 Escreva nas linhas a seguir o que você mais gostou no texto "Menino Sinhô".

____

____

____

____

Caminhos da língua

Substantivo simples e substantivo composto

1 Observe estes substantivos retirados do texto de abertura do capítulo.

Quebra-queixo, pé de moleque, tapioca, cocada, bananola, beiju [...].

a. O que é **pé de moleque**?

____

b. Observe as palavras ao lado.

Essas palavras se juntaram para formar o substantivo **pé de moleque**. Na formação desse substantivo, o sentido de **pé** e de **moleque** continua o mesmo? Explique.

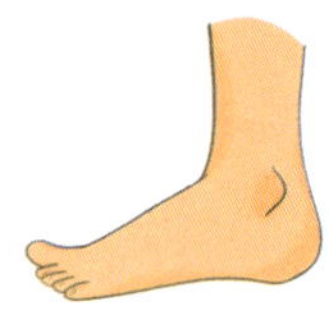
pé

moleque

Ilustrações: Vanessa Alexandre/ID/BR

____

____

____

A palavra **pé** é constituída de um só elemento. **Pé** é um **substantivo simples**.

O substantivo **pé de moleque** é formado por mais de um elemento e tem um significado próprio. Trata-se de um **substantivo composto**.

Há substantivos compostos separados por hífen (-) e há os que não levam hífen. Veja alguns substantivos compostos que nomeiam doces:

Santhosh Varghese/Shutterstock.com/ID/BR

Pé de moleque é o nome de um doce.

Catalina M/Shutterstock.com/ID/BR

arroz-doce

(Junção de dois elementos com hífen.)

Leo Caldas/Pulsar Imagens

malcasado

(Junção de dois elementos sem hífen.)

2 Leia novamente o trecho reproduzido na atividade **1**.

a. Além de **pé de moleque**, que outro substantivo é formado a partir da união de dois elementos?

____

b. Quais substantivos do trecho são formados por apenas um elemento?

____

3 Releia outros trechos do texto de abertura do capítulo.

Texto 1

Redes, tecidos, alpargatas, pente, espelho, brilhantina, pó de arroz, broche e água de cheiro.

Texto 2

[...] mané-gostoso, mamulengo, peteca, pião [...].

a. O que os substantivos do trecho **2** nomeiam?

____

b. Considerando o que os substantivos do trecho **2** nomeiam, por que será que, no texto, os substantivos do trecho **1** não estão junto com os do trecho **2**?

____

____

____

c. Preencha a tabela, escrevendo nos espaços correspondentes as palavras citadas nos trechos **1** e **2**.

Substantivos simples	Substantivos compostos

Navegar na leitura

O poema que você vai ler fala sobre um instrumento musical da cultura popular brasileira.

- **Você já viu uma sanfona? Tente reproduzir o som desse instrumento.**
- **O que você imagina que será dito sobre a sanfona no poema?**
- **Quantas estrofes há no poema? Elas têm a mesma quantidade de versos?**

Leia em voz alta este poema, que foi escrito no ritmo da sanfona.

Sanfona

Ela venta que venta
um sopro alegre.
Ela sopra que assopra
um vento triste.

Ela geme que geme
um redemoinho.
Ela ruge que ruge
uma brisa macia.

Ela suspira
quando cai a tarde.
Ela uiva
sob o sol que arde.

Ela assobia,
resfolega,
bufa,
respira.

Ela varre o salão
onde a gente dança.
O sanfoneiro toca o fole
e não se cansa.

Ela enche de música
o peito da gente.

Eucanaã Ferraz. *Cada coisa*. São Paulo: Companhia das Letrinhas, 2016. p. 104.

Texto e contexto

O carioca Eucanaã Ferraz (1961-) é autor de vários livros para os públicos infantil e adulto e já recebeu prêmios por diversos deles, dentre eles o de melhor livro para a criança, em 2011, pela Fundação Nacional do Livro Infantil e Juvenil, pela obra *Palhaço, macaco, passarinho*.

Além de escritor, ele também é professor universitário, editor e organiza eventos relacionados à literatura.

Bruno Poletti/Folhapress

Ler para compreender

1 Todas as estrofes do poema começam com o pronome **ela**.

a. A quem esse pronome se refere? ______________________

b. Se você tivesse de explicar a alguém sobre o que fala o poema que você leu, o que você diria?

2 Qual das seguintes cenas pode ser imaginada com base no poema?

Ilustrações: Vanessa Alexandre/ID/BR

3 Releia a segunda estrofe do poema.

> Ela geme que geme
> um redemoinho.
> Ela ruge que ruge
> uma brisa macia.

a. Quais palavras se repetem na estrofe?

____

b. Em geral, a que seres as ações nomeadas por essas palavras costumam ser atribuídas? E no poema?

____

____

____

c. Além de repetir palavras iguais, o poema apresenta palavras parecidas. Circule no poema essas palavras.

d. No poema, o autor combina palavras iguais e parecidas para:

☐ dar ritmo ao texto. ☐ deixar o poema maior.

4 O som da sanfona é produzido pelo ar que entra no instrumento. No poema, é possível encontrar muitas palavras relacionadas ao movimento do ar. Circule, no quadro abaixo, as palavras do poema que têm essa característica.

Vanessa Alexandre/ID/BR

venta	sopro	vento
brisa	assobia	sopra
bufa	redemoinho	suspira
respira	assopra	resfolega

- Por que tantas palavras relativas ao movimento do ar foram utilizadas no poema?

____

5 Releia, em voz alta, a quarta estrofe do poema.

Ela assobia,
resfolega,
bufa,
respira.

a. Pinte as consoantes que se repetem nesses versos.

b. De que forma o efeito sonoro produzido por essas consoantes ajuda a dar significado ao poema?

____

____

____

c. Qual é o significado da palavra **resfolegar**, observando o contexto em que ela aparece no poema?

☐ Respirar, tomar o fôlego. ☐ Chegar ao final, concluir.

A repetição de sons consonantais ou vocálicos iguais ou parecidos é chamada de **aliteração**. A aliteração é utilizada para dar ritmo à leitura e vivacidade a poemas.

6 Nas diferentes regiões do Brasil, a sanfona recebe nomes diversos. Circule no poema outro nome pelo qual esse instrumento musical é conhecido.

7 Releia a terceira estrofe do poema e sublinhe as palavras que rimam.

> Ela suspira
> quando cai a tarde.
> Ela uiva
> sob o sol que arde.

Vanessa Alexandre/ID/BR

a. Indique outros dois versos do poema que rimam.

____

____

b. Todas as estrofes do poema têm rimas? Caso alguma estrofe não tenha, indique a estrofe a seguir.

____

____

____

8 Releia estes versos do poema.

> Ela **varre** o salão
> onde a gente dança.

a. Qual é o significado mais comum da palavra em destaque?

____

____

b. No poema, qual é o sentido dessa palavra?

____

9 Releia a última estrofe do poema.

> Ela enche de música
> o peito da gente.

a. Para você, qual o significado desses versos?

b. Você acredita que a música pode ajudar as pessoas a ser mais felizes? Como? Converse com os colegas.

Saber Ser

Caminhos da língua

Adjetivo e locução adjetiva

1 Releia o poema "Sanfona". Anote as palavras do texto que dão características aos substantivos a seguir.

a. sopro ____________________ **c.** brisa ____________________

b. vento ____________________

2 Releia este trecho do texto "Menino Sinhô".

> Enquanto nas grandes cidades o samba, o chorinho, o *foxe*, o *boogie-woogie* e as marchinhas de carnaval do compositor Braguinha faziam muito sucesso, no agreste só se ouvia o forró, o xote, o xaxado, o maxixe e o baião.

Vanessa Alexandre/ID/BR

a. Do que esse trecho trata?

____

____

b. Dentre os ritmos musicais ouvidos nas grandes cidades havia as marchinhas. Que tipo de marchinha fazia sucesso?

____

c. Qual dessas palavras poderia substituir a expressão dada como resposta no item **b** e que caracteriza as marchinhas? Pinte-a.

☐ divertidas ☐ carnavalescas ☐ animadas

As palavras que atribuem **características** aos substantivos são chamadas de **adjetivos**. Exemplo:

O menino **curioso** apreciava os artistas **populares**.

A expressão formada por duas ou mais palavras com valor de adjetivo é chamada de **locução adjetiva**.

A expressão "**de carnaval**" é uma locução adjetiva. Dizer que "as marchinhas de carnaval faziam muito sucesso" equivale a dizer que "as marchinhas **carnavalescas** faziam muito sucesso".

3 **Observe o quadro com adjetivos. Depois, substitua as locuções adjetivas destacadas pelos adjetivos correspondentes.**

familiar	aquático	paterna	marítima	infantil
fraterna	juvenil	industrial	urbana	celeste

Vanessa Alexandre/ID/BR

a. viagem **por mar** ____________________

b. amor **de jovem** ____________________

c. azul **do céu** ____________________

d. paisagem **da cidade** ____________________

4 **No texto da página 9, sobre a feira de Arapiraca, há algumas locuções adjetivas.**

a. Copie as locuções adjetivas que caracterizam os substantivos a seguir.

região ____________________ queijo ____________________

barracas ____________________

b. Agora, observe as locuções adjetivas a seguir usadas para os mesmos substantivos.

região **de beira-mar** | barracas **de praia** | queijo **do litoral**

- Ao usar as locuções em destaque, o ambiente do texto continua o mesmo ou se modifica? Explique sua resposta.

5 **Complete as frases com os adjetivos correspondentes às locuções adjetivas entre parênteses.**

a. O plano ____________________ será implantado na próxima semana. (de governo)

b. Este será o evento ____________________ mais importante da nossa escola. (do ano)

c. A coroa ____________________ ficará exposta no museu até o fim do ano. (do rei)

d. A energia ____________________ é a energia proveniente da luz e do calor do Sol. (do Sol)

Estudo do dicionário

Consulta ao dicionário: substantivo e adjetivo

1 Releia este trecho do texto da página 9.

> A feira de Arapiraca atrai gente de toda a região do agreste. Logo pela manhã, lavradores, agricultores e pequenos comerciantes chegavam ao lugar para vender, comprar ou trocar os seus produtos.

Vanessa Alexandre/ID/BR

a. Circule os substantivos que correspondem às pessoas que iam à feira de Arapiraca para comercializar seus produtos.

lavradores agricultores vendedores comerciantes feirantes

b. Procure no dicionário as palavras que você identificou. Você encontrou essas palavras exatamente da maneira como elas aparecem no texto ou elas estão registradas de outra forma?

____

c. Como essas palavras aparecem registradas no dicionário?

____

2 Observe estes dois grupos de palavras. Procure todas elas no dicionário.

Grupo 1
homem – homens
mulher – mulheres
menino – meninos
feira – feiras

Grupo 2
pequeno – pequena
redondo – redonda

a. Que palavras de cada grupo você não encontrou no dicionário? Circule-as.

b. As palavras que você encontrou no dicionário estão:

☐ no singular. ☐ no plural.

c. Palavras femininas podem ser encontradas no dicionário? Em que situação?

d. As palavras do grupo **1** são:

☐ substantivos. ☐ adjetivos.

e. As palavras do grupo **2** são:

☐ substantivos. ☐ adjetivos.

No dicionário, substantivos e adjetivos aparecem no singular.

Os substantivos aparecem, em geral, no masculino quando a palavra tem dois gêneros que se diferenciam apenas pela terminação da palavra. No caso dos substantivos **menino** e **menina**, por exemplo, no dicionário há apenas verbete com a entrada **menino**. Se, no entanto, o substantivo tiver formas diferentes para o masculino e o feminino, ambas são registradas. Exemplo: **homem** e **mulher**.

A forma feminina dos adjetivos normalmente não é registrada. Você encontrará, por exemplo, a palavra **pequeno**, mas não encontrará a palavra **pequena**.

3 Releia este trecho do texto "Menino Sinhô".

> Espalhadas pelos postes [...], aquelas "cornetas mágicas" traziam até Sinhô as músicas que tocavam no rádio.

a. Que substantivos comuns e adjetivos são citados nesse trecho?

Substantivos comuns	Adjetivos

b. Se você quisesse consultar o significado desses termos em um dicionário, por quais palavras procuraria?

Navegar na leitura

O poema a seguir apresenta uma organização visual diferente.

- Como as palavras estão organizadas nas estrofes? Como são as letras que compõem o poema?
- O que você nota de diferente na forma como foi escrita a palavra **tigres** na primeira estrofe? E na palavra **tufão**, no penúltimo verso do poema?

Leia o poema em voz alta, mas tome cuidado para não enrolar a língua!

TESTE

Diga depressa comigo:
um tigre,
dois tigres,
três tigres.

Se a língua não está dobrada,
tente agora outra jogada:
o peito
de Pedro
é preto.

Se ainda algum fôlego resta,
experimente mais esta:
lá atrás daquele morro
tem um ninho de mangafagafas
com sete mangafagafinhos.
Quando a mangafagafa gafa,
os mangafagafinhos guifam.

Angela Leite de Sousa; Ana Raquel/Acervo das autoras

Se conseguiu a proeza,
faça-me então a fineza
de responder sem parar:

— O céu da boca tem LUA,
estrelas, nuvens e pipas?
— E a casa do botão
tem cerca, jardim, Portão?
— Pé-de-vento usa sapato?
— Pé-de-moleque tem calo?

Se a todas respondeu,
sem demora e com acerto,
se todas as falas falou,
sem ga-ga-ga-gue-gue-gue-jar,
sem trocar,
meupeu apamipigopo,
vopocêpê épé
mais veloz que um tufffãooooo,
o rei da imaginação!

Angela Leite de Sousa; Ana Raquel/Acervo das autoras

Angela Leite de Souza. *Versos travessos*. São Paulo: Salesiana, 2010. p. 28-29.

Ler para compreender

Vanessa Alexandre/ID/BR

1 **Releia a primeira estrofe do poema.**

a. Que brincadeira oral aparece nessa estrofe?

____

b. Há outras brincadeiras como essa no poema? Quantas há no total?

____

____

2 **Quem escreve um texto é chamado de autor. A autora do poema "Teste" é Angela Leite, mas a voz que se expressa no texto e que faz várias perguntas não é a dela.**

a. A voz que se expressa no poema se parece com a de:

- [ ] uma criança que fala com a mãe.
- [ ] um artista popular que faz desafios ao leitor.

b. A linguagem usada no poema é:

- [ ] descontraída e divertida.
- [ ] séria e formal.

3 **Leia as quadrinhas a seguir.**

A

Sou pequenininha
do tamanho de um botão.
Carrego papai no bolso
e mamãe no coração.

Domínio público.

B

Dizem que sou lento
narigudo e pesadão.
Mas memória igual à minha
garanto que não há não.

Domínio público.

a. Em qual dessas quadrinhas a voz que se expressa corresponde à de um animal? Qual é esse animal?

____

b. De quem é a voz que se expressa na outra quadrinha?

____

Damos o nome de **eu poético** ou **eu lírico** à voz que se expressa em um poema. Um autor pode escrever um poema expressando-se como um adulto, uma criança, um animal ou, até mesmo, um objeto.

4 A quem o eu poético se dirige no poema?

- [ ] Ao leitor.
- [ ] A um amigo.
- [ ] A alguém que está participando de um concurso.

5 **Além dos trava-línguas, o poema apresenta uma brincadeira popular conhecida como língua do P. Veja essa brincadeira nos versos abaixo.**

meupeu apamipigopo,
vopocêpê épé

Angela Leite de Sousa; Ana Raquel/Acervo das autoras

a. Observando as sílabas destacadas em laranja e em vermelho, tente explicar como funciona a língua do P.

b. Como ficariam esses versos se tivessem sido escritos sem a língua do P?

c. Agora é sua vez! Junte-se a um colega e tentem falar estes versos do texto "Menino Sinhô" usando a língua do P.

Olha o pirulito doce
da Bahia americana
Quem tem dente chupa cana
Quem não tem come banana.

Vanessa Alexandre/ID/BR

6 **Outro tipo de desafio proposto no poema traz as seguintes perguntas.**

—O céu da bOca tem LUA,
estrelas, nuvens e pipas?
—E a casa do botão
tem cerca, jardim, portão?
—Pé-de-vento usa sapato?
—Pé-de-moleque tem calo?

Angela Leite de Sousa; Ana Raquel/Acervo das autoras

- Você responderia **sim** ou **não** a cada uma dessas perguntas?

____

7 **Leia as frases abaixo e observe a ilustração representando a palavra céu.**

A Gostava de olhar para a lua e as estrelas do céu todos os dias.

B A bala ficou grudada no céu da boca.

Vanessa Alexandre/ID/BR

a. Circule a frase em que a palavra **céu** foi usada com o significado com que aparece representada na ilustração.

b. Em qual das frases a palavra **céu** não foi usada com seu significado próprio, original? Sublinhe-a.

Quando uma palavra ou expressão não é usada com seu significado próprio, original, dizemos que ela foi empregada no **sentido figurado**.

Por exemplo, na frase "No final da tarde, Sinhô voltava para a **casa**", a palavra **casa** significa o mesmo que "lar, lugar onde se mora". Nesse caso, foi empregada a **linguagem literal** ou "ao pé da letra".

Porém, em "A feira livre era uma grande **casa** de sons, cores e aromas", usou-se a **linguagem figurada**. Aqui, a palavra **casa** significa o mesmo que "ambiente, clima, atmosfera".

8 **Releia a última estrofe do poema e responda às questões a seguir.**

a. Observe que a palavra **gaguejar** foi escrita com as sílabas separadas e com a repetição de algumas delas. Por que ela foi escrita dessa forma?

____

____

b. Observe como a palavra **tufão** foi escrita no poema. Pronuncie em voz alta essa palavra, procurando representar na fala o jeito como ela está escrita. O que a escrita da palavra **tufão** no poema tem a ver com seu significado?

Tufão: vento muito forte, ventania, vendaval, pé de vento.

____

9 **Além de "mais veloz que um tufão", o leitor que consegue responder a todos os desafios "sem demora e com acerto" também é considerado "o rei da imaginação". O que significa ser "o rei da imaginação"?**

10 **Em sua opinião, por que o título do poema é "Teste"?**

Jogos e brincadeiras

Decifrando provérbios

Os **provérbios** são frases que expressam um ensinamento com base na sabedoria popular. Eles fazem parte da nossa cultura e são ricos em linguagem figurada. Para entendê-los, é necessário interpretar essa linguagem.

1 **Leia os seguintes provérbios e converse com os colegas sobre o que eles significam.**

> **A** A mentira tem pernas curtas.
>
> **B** De grão em grão a galinha enche o papo.

2 **Agora, em duplas, resolvam este desafio!**

a. Substituam as imagens por palavras ou expressões.

A Quem não tem , caça com .

____

B Em , não entra .

____

C Filho de ,  é.

____

D Mais vale um  do que .

____

Ilustrações: Vanessa Alexandre/ID/BR

b. Associem os provérbios a seu significado.

- [ ] Há situações em que é mais prudente ficar calado do que falar.
- [ ] É melhor se contentar com pouco do que ambicionar muito e perder tudo.
- [ ] Se não temos o que precisamos para enfrentar um problema, devemos usar o que dispomos.
- [ ] Diz-se do filho quando este tem as mesmas características ou habilidades do pai ou da mãe.

Caminhos da língua

Uso das palavras **mas** e **mais**

1 Leia a tira abaixo, em que o menino Xaxado caminha na companhia de seu amigo Zé Pequeno e de seu Firmino.

Antonio Cedraz. *Turma do Xaxado.*

a. O que está acontecendo com seu Firmino no primeiro quadrinho?

____

b. Em qual quadrinho é possível concluir que Zé Pequeno foi pego pelo lobisomem?

____

c. O que provoca o humor nessa tira?

____

____

____

2 **Assinale a alternativa adequada.**

a. No segundo quadrinho, Xaxado pergunta: "...É só **mais** uma lenda?". A palavra destacada indica:

☐ excesso, quantidade maior. ☐ repetição. ☐ acréscimo.

b. A qual dos grupos a seguir o lobisomem é acrescentado?

☐ Dos animais. ☐ Das personagens de lendas. ☐ Dos monstros.

3 **No terceiro quadrinho, Xaxado diz:**

> Isso deixa a gente mais tranquilo [...]

a. Por essa fala, entendemos que Xaxado:

- [ ] já estava tranquilo e sua tranquilidade foi reforçada.
- [ ] antes não estava tranquilo, mas agora está.
- [ ] está tão tranquilo agora quanto estava antes.

b. Que palavra desse trecho provocou o efeito de intensidade?

____

c. Qual adjetivo está sendo intensificado por essa palavra?

____

4 **Suponha que, na situação apresentada, Xaxado tivesse dito: "Dizem que o lobisomem é só uma lenda, mas eu acredito nele". A palavra mas:**

- [ ] confirma a ideia expressa antes (de que o lobisomem é só uma lenda).
- [ ] indica uma oposição.

Entre outros usos, a palavra **mais** pode ser empregada:

- para indicar adição, acréscimo de algo;
- para intensificar o sentido de uma palavra, de uma ideia.

Já a palavra **mas** é usada para marcar uma ideia oposta a outra dita anteriormente.

5 **Complete as adivinhas com as palavras mas ou mais. Depois, resolva-as.**

a. O que é, o que é que tem bico, __________ não bica; tem asa, __________ não voa? ____________________

b. O que é, o que é que quanto __________ se tira maior ele fica? __________

c. Ele é magro para chuchu, tem dentes, __________ nunca come e mesmo sem ter dinheiro dá comida a quem tem fome? ____________________

d. O que é o que é que tem __________ de dez cabeças, __________ não sabe pensar? ______________________________

e. O que é, o que é que tem quatro pernas, __________ não anda; tem dois braços, __________ não abraça. ____________________

Caminhos da língua

Preposição

1 Observe as palavras destes dois grupos, retiradas do texto de abertura do capítulo.

Grupo 1
feira Arapiraca
barracas lona

Grupo 2
feira de Arapiraca
barracas de lona

a. Que palavra faz a ligação entre os substantivos do grupo **2**?

b. Qual é a diferença de sentido das palavras separadas no grupo **1** em relação às palavras juntas no grupo **2**?

2 Agora leia um trecho de um poema de Ruth Rocha.

Festa de São João

Não há moça **sem** beleza,
Não há rico **sem** riqueza,
Sem rio não há floresta.
Não há pasto **sem** capim,
Não há verso **sem** seu fim,
Não há São João **sem** festa.

Vanessa Alexandre/ID/BR

Ruth Rocha. *Boi, boiada, boiadeiro*. São Paulo: Salamandra, 2015. p. 24.

a. De acordo com o poema, "não há pasto sem capim". O que isso quer dizer? Se necessário, consulte o significado da palavra **pasto** no dicionário.

b. E por que, segundo o poema, "não há São João sem festa"?

c. Leia mais um verso: "Não há moça **sem** beleza". A palavra **sem** liga dois elementos da frase: **moça** e **beleza**. Se essa palavra fosse substituída por **com**, o que aconteceria com a ideia expressa no verso?

____

____

d. Pelo que você observou, o que acontece com o sentido de um texto quando ocorre a troca de uma palavra de ligação por outra?

____

A palavra que tem a função de ligar dois termos, estabelecendo uma relação entre eles, chama-se **preposição**.

Algumas preposições: **a**, **de**, **em**, **para**, **por**, **até**, **com**, **sobre**, **sem**, **após**.

As preposições podem apresentar diferentes sentidos. Em "boneco **de** madeira", a preposição **de** indica o material do qual o boneco é feito. Já em "viagem **para** Alagoas", a preposição **para** indica o lugar para onde se vai viajar.

3 **Complete as expressões a seguir com as preposições do quadro, conforme o sentido indicado entre parênteses.**

sem com do na

Vanessa Alexandre/ID/BR

a. Festa _______ roça. (lugar)

b. Festa _______ comida. (falta)

c. Festa _______ morango. (tipo, característica)

d. Festa _______ barracas. (conteúdo, o que contém)

4 **As preposições são usadas na formação de locuções adjetivas. Forme locuções adjetivas, escolhendo duas palavras do quadro e acrescentando uma preposição entre elas. Por exemplo:** flor **do** campo.

pão	boneca	barro	chocolate	**flor**
queijo	**campo**	bolo	panela	pano

____

____

Dando asas à produção

Poema

Neste capítulo, você leu e conheceu textos em que apareciam pessoas do mundo do trabalho, como vendedor de balões, feirantes e artistas. Agora é sua vez de escrever um poema sobre essas pessoas.

O que vou produzir

Escreva um poema sobre um profissional que trabalha em feiras populares ou nas ruas de seu município, como os citados nos textos que você leu. Essa é uma forma de homenagear esses trabalhadores. Veja alguns exemplos de profissionais.

Vanessa Alexandre/ID/BR

feirante	vendedor de pipoca
motorista de ônibus	varredor de rua
pasteleiro	jornaleiro

Seu texto pode ser lido por uma pessoa que tenha a mesma profissão do trabalhador que você escolheu e por várias outras, pois ficará exposto em um varal de poemas na sala de aula e em outro local da comunidade.

Orientações para a produção

1. No caderno, escreva o texto em versos. Você pode organizá-los em uma ou mais estrofes.
2. Lembre-se de que o poema pode ou não ter rima, mas é importante que você escolha e combine as palavras de modo que o texto fique expressivo e original.
3. Escolha um eu poético que combine com o que você quer exprimir. A voz que se expressará em seu poema pode ser: de uma criança, do próprio trabalhador, de alguém que observa a cena, de um animal, etc.
4. Apresente elementos relacionados ao profissional escolhido e à atividade que ele realiza.
5. Use imagens poéticas. Uma forma de construí-las é empregar a linguagem figurada.
6. Explore diferentes sensações e sentidos relacionados à atividade desse profissional, como os aromas e os sons que ele produz ao trabalhar.
7. Não se esqueça de dar um título ao poema.

Avaliação e reescrita

Troque o poema que você escreveu com o de um colega. Leia o poema dele e marque **sim** ou **não** nos seguintes itens.

1. O texto foi organizado em versos?	Sim	Não
2. Há título e uma linha em branco entre uma estrofe e outra?	Sim	Não
3. É possível entender o que o texto quer comunicar?	Sim	Não
4. O poema traz elementos ligados à atividade do trabalhador escolhido como tema?	Sim	Não
5. O eu poético "combina" com o modo como o profissional escolhido foi retratado?	Sim	Não
6. Foram usadas imagens poéticas, como linguagem figurada?	Sim	Não

Converse com seu colega e troquem sugestões para aprimorar os textos que escreveram.

Levando em conta os itens acima, faça as modificações necessárias, acrescentando ou reescrevendo versos.

Depois de pronto, faça três cópias de seu poema e ilustre-o. Se preferir, você pode digitá-lo e ilustrá-lo usando recursos gráficos do computador ou inserindo uma imagem capturada da internet.

Circulação do texto

Cada cópia do seu poema terá um destino diferente:

- Uma cópia será usada para compor um varal de poemas na sala de aula.
- A segunda cópia fará parte de outro varal de poemas, a ser montado em um lugar da comunidade escolhido pela turma. Pode ser um centro comunitário, a biblioteca do bairro ou outro lugar por onde as pessoas circulem.
- A terceira cópia será entregue a uma pessoa que tenha a mesma profissão do trabalhador homenageado no poema. As pessoas gostam de receber poemas de presente e vão se sentir valorizadas ao verem sua profissão retratada neles.

Vanessa Alexandre/ID/BR

Olá, oralidade

Desafio com quadrinhas

Você vai participar de um desafio com quadrinhas. Os desafios são muito populares na região Nordeste e normalmente são apresentados em praça pública.

Vanessa Alexandre/ID/BR

Gustavo Barroso. *Terra de Sol*: natureza e costumes do Norte. Fortaleza: Edições Demócrito Rocha, 2003.

Sua tarefa é memorizar alguns versos para desafiar um colega a dar a resposta de uma adivinha.

Orientações para a produção

1. A classe deverá se organizar em duplas. Você vai preparar um desafio para um colega e também será desafiado por ele.
2. Antes de iniciar o desafio, pesquise uma adivinha com quatro versos. Anote-a no caderno com a resposta. Seu colega fará o mesmo. Veja um exemplo de adivinha.

> Me abrigo em panos brancos,
> Uso branca cabeleira.
> Por minha causa chora
> Chora até a cozinheira.
> **Resposta:** cebola.

Domínio público.

3. O poema "Teste", de Angela Leite, traz uma fórmula de desafio que servirá para você se dirigir ao desafiado. Memorize os versos a seguir, pois eles darão início ao desafio de cada aluno.

> Se conseguir a proeza
> Faça-me então a fineza
> De responder sem parar...

4. Na sequência, memorize a adivinha com quatro versos que você usará para desafiar seu colega.

5. Entregue a adivinha a seu colega. Para responder ao desafio, ele deverá repetir os dois últimos versos dela e, em seguida, incluir a resposta em forma de verso, formando, desse modo, uma quadrinha. Nessa quadrinha, o segundo e o quarto versos deverão rimar. Veja um exemplo:

> Por minha causa chora
> Chora até a **cozinheira**.
> É logo a cebola
> A razão de tanta **choradeira**.

6. Você deverá fazer a mesma coisa com a adivinha que seu colega lhe entregar.

Vanessa Alexandre/ID/BR

Preparação da fala

1. Ensaie bastante com seu colega. Um começa declamando o desafio e o outro responde.
2. Na sequência, quem respondeu é que vai desafiar, e o outro vai responder. Treinem a declamação marcando o ritmo com palmas ou até mesmo com um pandeiro ou chocalho.
3. Combinem com o professor a data, o horário e o local da apresentação. Convidem outras turmas para assistir ao desafio.
4. No dia da apresentação, usem um tom de voz adequado, de modo que todos da sala consigam ouvi-los. Digam os versos como se estivessem cantando e respondam à adivinha dando a impressão de que estão bem certos da resposta.

Avaliação

No final da apresentação, avaliem os seguintes pontos.

- **Você e seu colega estavam bem ensaiados ou faltou ensaiar mais?**
- **Vocês declamaram a adivinha e a resposta de forma ritmada?**
- **O público pareceu se divertir com a apresentação?**
- **Com essa atividade, você se sentiu mais preparado para se apresentar em público outras vezes?**

A música e a poesia das ruas

Neste capítulo, você leu poemas e conheceu diferentes formas de fazer os versos chegarem às pessoas. Por meio de canções, repentes, desafios e brincadeiras orais, a palavra vai percorrendo lugares: a rua, a feira, a praça.

ACESSE O RECURSO DIGITAL

Nesse universo, vale destacar os artistas populares. Conheça um pouco mais sobre alguns deles lendo os textos e observando as fotos a seguir.

Zabumbeiros são músicos que tocam zabumba, uma espécie de tambor que é tocado com varetas e usado para marcar o ritmo das músicas.

Esses músicos, em geral, fazem parte de trios de forró que tocam ritmos nordestinos, como o baião, o xaxado, o coco e o xote.

Marcos André/Opção Brasil Imagens

Grupo de zabumbeiros se apresentando em Caruaru, PE, em 2012.

Emboladores de coco são uma dupla de poetas cantadores que criam versos de forma improvisada sobre diferentes temas.

Os emboladores se apresentam acompanhados, em geral, de pandeiros e se alternam: quando um dos cantadores termina seus versos, o companheiro responde aos repentes que ele acabou de fazer.

Daniel Marenco/Folhapress

Apresentação de emboladores de coco no município de São Paulo, em 2011.

Kleber Cordeiro/Shutterstock.com/ID/BR

Repentistas são artistas que se apresentam em duplas de poetas que improvisam versos, os **repentes**, sobre diferentes temas, em geral acompanhados do som de violões ou violas. Os repentistas, como os emboladores, se alternam: quando um dos cantadores termina seus versos, entra em cena seu companheiro, respondendo aos repentes que o outro fez.

O público costuma dar o mote (tema) e os repentistas criam versos sobre esse tema, sempre de forma bem-humorada.

Cordelistas são autores de literatura de cordel. Esses poetas recitam os versos por vezes acompanhados de viola. A literatura de cordel é um tipo de poesia popular, de origem oral, que mais tarde passou a ser impressa em folhetos que eram pendurados em cordas ou cordéis para serem vendidos, o que deu origem a seu nome.

Rafael Ohana/CB/D.A Press

Repentistas se apresentando em Brasília, DF, em 2010.

Xico Morais/DB/D.A Press

O cordelista Manoel Monteiro em Campina Grande, PB, em 2010.

1 Entre os artistas destacados, há aqueles que improvisam versos e os declamam com acompanhamento de um instrumento. Quem são esses artistas?

2 Segundo os textos, qual dos artistas se dedica à produção de literatura, publicando seus versos em folhetos?

3 Uma das atividades dos zabumbeiros é tocar, em trios de forró, ritmos nordestinos como o baião, o xaxado, o coco e o xote. Você conhece algum desses ritmos e o jeito de dançá-los? Caso conheça, conte aos colegas como são dançados.

4 É importante conhecer a cultura do país onde se vive. Você já conhecia ou viu de perto algum desses artistas populares? Como podemos conhecer mais sobre o modo como eles se apresentam e o que produzem?

Aprender sempre

ACESSE O RECURSO DIGITAL

1 Leia um trecho do livro *Laranja-pera, couve-manteiga*, que, assim como o texto inicial deste capítulo, tem a feira como tema.

Na casa do feirante quem escolhe o cardápio é ele
mesmo. Mas nada de comida com nome **a esmo**!
A refeição deve lembrar sempre o freguês.
Seja ele nobre, **plebeu** ou camponês!

Pé de moleque, bolo-rei e arroz de carreteiro;
Baba de moça, papo de anjo e feijão-tropeiro.
Ovo caipira, feijão-fradinho e açúcar de confeiteiro;
Olho de sogra, bem-casado e o ilustre brigadeiro!

O moleque, o rei e o **carreteiro**.
A moça, o anjo e o **tropeiro**.
O caipira, o frade e o confeiteiro.
A sogra, o casado e o **brigadeiro**!

A esmo: ao acaso, qualquer.
Plebeu: que não pertence à nobreza.
Carreteiro: pessoa que dirige carreta ou caminhão que transporta carga.
Tropeiro: pessoa que conduz o gado.
Brigadeiro: oficial que comanda uma unidade militar.

Vanessa Alexandre/ID/BR

Maria Amália Camargo. *Laranja-pera, couve-manteiga*. São Paulo: Girafinha, 2006.

a. No texto, há nomes de vários alimentos. Na casa do feirante, quem é que escolhe a comida?

____

b. Observe os substantivos da segunda e da terceira estrofe. Em qual delas há mais substantivos compostos?

____

c. Circule no texto os substantivos compostos que têm como um dos termos os seguintes substantivos simples.

moleque rei carreteiro moça tropeiro sogra casado

d. Por que, segundo o texto, "a refeição deve lembrar sempre o freguês"?

2 Leia o texto abaixo e responda às questões.

Todo o mundo
me dizia que eu
não ia conseguir,
mas consegui.

Ficamos
felizes
porque
inventamos
este poema!

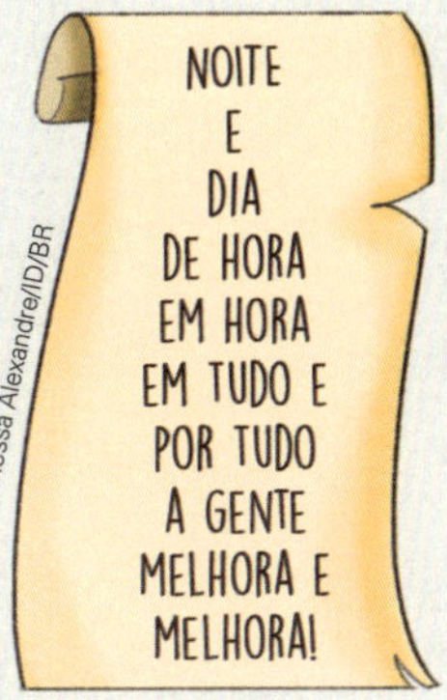

Vanessa Alexandre/ID/BR

Ficamos felizes
porque **pusemos música no poema.**
E cantamos a letra com a música!

E mais felizes porque,
todos juntos, dançamos o poema!

Fico feliz porque
na hora em que vou dormir
escrevo o poema no céu!
E a cada dia vou mudando
as cores das letras!

Laura Archera Huxley. *Uma razão por dia para ser feliz.* Tradução de Rachel de Queiroz. Rio de Janeiro: José Olympio, 1988.

a. A última estrofe apresenta a linguagem no sentido literal ou no sentido figurado? Justifique.

____

____

____

b. O que você compreendeu dos trechos destacados?

c. Na segunda estrofe, é dito que as pessoas ficaram felizes. A penúltima estrofe intensifica o que é dito na segunda. Circule a palavra que provoca esse efeito.

d. Segundo o eu poético, diziam que ele não conseguiria alcançar algo. Sublinhe a palavra da primeira estrofe que comprova que aconteceu o contrário.

e. E você, já se sentiu inseguro em alguma situação, achando que não conseguiria realizar algo que pretendia? Conte aos colegas.

Saber Ser

f. Em sua opinião, dizer a uma pessoa que esteja passando por uma situação desafiadora que ela não vai conseguir pode influenciar negativamente o ânimo dela? Explique.

Leituras e leitores

Seleção de histórias e reconto

Você já leu e recontou uma história para alguém? Pode ter sido uma narrativa que envolvesse um mistério, uma aventura, um encanto, uma curiosidade, o surgimento de uma amizade, um evento esportivo, entre outros. Converse com o professor e os colegas sobre essa experiência.

Com a orientação do professor, você selecionará livros para ler individualmente, em dupla ou em grupos, de forma que, ao final de determinado período, tenha compartilhado com os colegas de sala as histórias lidas, recontando-as.

As obras podem ser retiradas da biblioteca da escola ou de outro espaço público, em uma caixa de livros, entre outros.

Passo a passo

1. Os alunos deverão selecionar um ou mais gêneros para que sejam realizadas as leituras e os recontos. Algumas possibilidades são narrativas de aventura, contos tradicionais, fábulas, entre outros.
2. Após selecionar o gênero, observem as recomendações literárias ao final de cada capítulo ou outras apresentadas pelo professor ou pelo bibliotecário da escola. Selecionem alguns livros para ler e organizem uma tabela com os nomes dos alunos e o título escolhido por cada um.
3. Cada aluno deverá ler o livro selecionado, conforme o prazo estipulado pelo professor. Para cada um dos livros escolhidos, anote no caderno o título do livro e o autor. Durante a leitura da obra, registre quem são as principais personagens, o local onde a história acontece e o tempo transcorrido. Indique também qual é a situação inicial, o conflito, fatos relacionados ao desenvolvimento da narrativa e o desfecho.
4. Tendo essas informações registradas, organize uma forma de recontar a história. De acordo com a divisão realizada pelo professor, esse reconto poderá ser feito de forma individual, em duplas ou em grupos.
5. Ao organizar o reconto, considere as informações relacionadas às personagens, ao espaço e ao tempo da narrativa, assim como os acontecimentos apresentados na história.

Vanessa Alexandre/ID/BR

6. Caso o reconto seja feito de forma coletiva, o grupo poderá organizar falas, de modo a representar as personagens e o narrador.

7. De acordo com a intenção do aluno ou do grupo, no reconto pode-se optar por revelar ou não o desfecho da história. Caso queiram, além de recontar a história, incentivar a leitura do livro, é possível compartilhar a situação inicial e partes do desenvolvimento, de modo que os colegas se interessem por ler o livro e descobrir o desfecho.

8. No dia marcado, cada aluno, dupla ou grupo fará o reconto. Antes de iniciar a partilha da história, anuncie o título da obra e o autor. Nesse momento, se possível, sentem-se em roda, na sala de aula ou em outro ambiente da escola. Todos devem estar atentos, a fim de entender a história apresentada.

9. Ao final do reconto, exponham suas ideias e impressões sobra a história, indicando, por exemplo, qual parte da história achou mais interessante, engraçada, emocionante, indicando os trechos do livro que justificam os comentários.

10. Ao longo das partilhas, os alunos devem eleger os recontos que avaliar como mais significativos e interessantes e que atendam aos seguintes critérios:
    - No reconto foram apresentados as personagens, o espaço e o tempo da narrativa?
    - Ao longo do reconto, foram apresentados a situação inicial e os fatos relevantes relacionados ao desenvolvimento da história?
    - Ao final do reconto, foi possível compreender do que a história tratava?

11. Ao final do ano, os recontos eleitos serão apresentados para os alunos do 4º ano, conforme a organização estabelecida pelo professor. Essa partilha tem como objetivo ampliar as possibilidades de escolha de livros e o repertório leitor dos alunos do ano anterior.

Vanessa Alexandre/ID/BR

Sugestões de leitura

Ática/Arquivo da editora

***O menino Sinhô: vida e música de Hermeto Pascoal para crianças*, de Edmiriam Módolo Villaça. Editora Ática.**

O livro trata da infância e do percurso de vida do músico Hermeto Pascoal. Em linguagem cheia de poesia, suas páginas possibilitam um passeio pela cultura do agreste alagoano, lugar onde Hermeto nasceu e começou a tocar sanfona. A obra conta fatos pitorescos sobre o menino Sinhô, como o episódio em que o músico, ao gravar o primeiro disco, levou ao estúdio um porquinho de verdade!

***Poemas que escolhi para crianças*, organizado por Ruth Rocha. Editora Salamandra.**

O livro é uma reunião de poemas para crianças, selecionados pela escritora Ruth Rocha. Conta com textos de autores conhecidos como Cassiano Ricardo, Adélia Prado, Casimiro de Abreu, Cecília Meireles, entre outros. Nesse livro, composto de versos e ilustrações, os poemas foram organizados por temas.

Salamandra/Arquivo da editora

Mundo Mirim/Arquivo da editora

***O patinho feio em cordel*, de César Obeid. Editora Mundo Mirim.**

O autor desse livro é especialista em criar versos e teve a ideia de escrever o clássico conto “O patinho feio”, de Hans Christian Andersen, na forma de poema de cordel. Além da versão em versos, o livro também apresenta a história em forma de peça teatral.

CAPÍTULO

2 Teatro, histórias e mamulengos

Neste capítulo, o foco é o teatro, que é rico em histórias, personagens, cenários, música, iluminação, atores e autores. É um universo repleto de fantasia, ideias e emoções inspiradas ou não na realidade. O teatro pode ser encenado de diversas maneiras, em variados espaços e lugares, com diferentes formatos e recursos. Pode também apresentar a diversidade da cultura da nossa gente ou de outros países. O teatro encanta!

Observe esta imagem.

Danilo Sergio/Acervo do fotógrafo

Cena do espetáculo teatral infantil *A farra do boi-bumbá*. Foto de 2015.

- **Essa imagem é do espetáculo infantil *A farra do boi-bumbá*. Responda de acordo com o que já conhece: Que elementos da imagem demonstram que se trata de uma peça de teatro?**
- **Que personagem aparece com mais destaque na imagem? Em que parte da imagem ela aparece?**
- **Você já assistiu a uma peça de teatro? Se já assistiu, conte como foi e onde a peça foi encenada.**

Navegar na leitura

O que você vai ler agora é um texto teatral, também chamado de texto dramático, cuja principal característica é ter sido criado para ser encenado. Leia o quadro que aparece logo abaixo do título do texto. Ele contém algumas informações sobre a dramatização.

- **Quem são as personagens da história?**
- **No título do texto, não é citada nenhuma personagem humana. Você imagina por quê?**
- **O cenário refere-se ao lugar em que a história acontece. Imagine o lugar indicado. Que elementos você usaria para representá-lo?**

Agora, você e os colegas farão a leitura do texto.

O Vento e o Sol

Personagens: Sol; Vento; Menino; Pombo 1; Pombo 2.
Cenário: Um ponto de ônibus (ou uma praça).

Menino, com uma blusa amarrada à cintura e mochila nas costas, está no ponto de ônibus. Vento se aproxima dele e começa a soprar forte em sua direção. Afastado, o Sol observa a cena. Do lado oposto, dois pombos conversam.

POMBO 1: Mas... o que está acontecendo ali?
POMBO 2: O Vento e o Sol fizeram uma aposta pra ver quem é o mais forte.
POMBO 1: E como é essa aposta?
POMBO 2: Ganha quem conseguir arrancar a roupa do menino.

Menino começa a sentir frio e veste a blusa que tem amarrada à cintura. Inconformado, Vento começa a soprar ainda mais forte.

POMBO 1: Xiii...
POMBO 2: Agora, complicou.

Graziela Andrade/ID/BR

Menino, sentindo mais frio, retira da mochila um casaco bem grosso e o veste por cima da blusa. Vento tenta soprar mais forte ainda.

POMBO 1: Xiii!...
POMBO 2: Complicou mais ainda...

Exausto, Vento desiste.

VENTO *(para o Sol)*: Desisto... Vai lá: sua vez.

Sol aproxima-se do Menino e permanece imóvel por alguns instantes. Menino começa a sentir um pouco de calor e se abana. Sol dá mais um passo em sua direção: o calor aumenta, e o Menino desabotoa o casaco. Sol dá mais um passo; Menino tira o casaco. (Se houver iluminação adequada no local da encenação, a luz pode ficar progressivamente mais forte, a cada vez que o Sol se aproxima do Menino um pouco mais.)

Graziela Andrade/ID/BR

POMBO 1: Xiii...
POMBO 2: Complicou...
POMBO 1: Complicou o quê?!
POMBO 2: Complicou pro Vento, ué!
POMBO 1: Ah!...

Sol segue se aproximando do Menino passo a passo. O calor vai aumentando e, logo, o Menino está só de cueca, segurando as roupas numa das mãos, enquanto tenta se abanar com a outra.

VENTO: Ok, você venceu! É mesmo mais forte do que eu.

Sol afasta-se do Menino, e este fica aliviado.

POMBO 1 *(para a plateia)*: É mais fácil conseguir o que se quer usando só a inteligência...
POMBO 2: ... e sem precisar de violência!

CAI O PANO. FIM.

José Carlos Aragão. *No palco todo mundo vira bicho*: novas fábulas de Esopo adaptadas para teatro. São Paulo: Planeta do Brasil, 2007. p. 50-53.

Ler para compreender

1 **Pelo texto, sabemos que foi feita uma aposta.**

a. Quem fez essa aposta?

___

b. Qual foi a aposta?

___

___

___

c. Que personagem falou sobre a aposta?

___

d. Circule a imagem que representa a personagem ganhadora da aposta.

Ilustrações: Graziela Andrade/ID/BR

2 **Em um texto teatral, para que servem os nomes que aparecem em destaque antes das falas?**

___

___

3 **Há personagens sem fala no texto? Quem são?**

___

___

4 **Todas as personagens participam do mesmo diálogo? Explique.**

5 **Quem são as personagens principais do texto? Justifique sua resposta.**

6 **Retome a resposta que você deu para a segunda questão que antecede o texto (página 50). Por que não é citada nenhuma personagem humana no título? A hipótese que você levantou estava correta?**

7 Releia o começo do texto.

> *Menino, com uma blusa amarrada à cintura e mochila nas costas, está no ponto de ônibus. Vento se aproxima dele e começa a soprar forte em sua direção. Afastado, o Sol observa a cena. Do lado oposto, dois pombos conversam.*

- Esse trecho do texto:
  - [ ] apresenta a fala das personagens.
  - [ ] indica como as personagens vão falar.
  - [ ] indica o cenário, a posição das personagens e o que elas fazem.

Em um texto teatral, as informações sobre o que acontece na cena (como as personagens devem agir, o que estão sentindo, quais os elementos que compõem o cenário, etc.) são chamadas de **rubricas**. No texto lido, as rubricas, entre outras informações, descrevem o que acontece com o Menino e como ele reage às ações do Vento e do Sol.

8 **Sublinhe no texto o trecho de rubrica que dá uma sugestão de como representar o aumento da intensidade do Sol conforme ele se aproxima.**

9 No final do texto, há as seguintes falas:

> **POMBO 1** *(para a plateia)*: É mais fácil conseguir o que se quer usando só a inteligência...
> **POMBO 2**: ... e sem precisar de violência!

a. Nesse trecho, a rubrica indica que:
- [ ] o Pombo 1 se dirige às outras personagens para falar.
- [ ] o Pombo 1 se dirige ao Pombo 2 para falar.
- [ ] o Pombo 1 se dirige ao público que assiste à peça teatral.

b. Junte as duas falas dos pombos e forme uma frase só.

____

____

c. Você concorda com a fala final dos pombos? Justifique sua resposta.

Saber Ser

Caminhos da língua

Tempos verbais: presente, passado e futuro

1 Leia o trecho do texto "O Vento e o Sol" e observe os verbos em destaque.

> Afastado, o Sol **observa** a cena. Do lado oposto, dois pombos **conversam**.

- Os verbos indicam que o diálogo entre os pombos acontece no:

☐ passado. ☐ presente. ☐ futuro.

2 Depois dessa rubrica, há o seguinte diálogo entre os pombos.

> **POMBO 2**: O Vento e o Sol **fizeram** uma aposta pra ver quem é o mais forte.
> **POMBO 1**: E como é essa aposta?
> **POMBO 2**: **Ganha** quem conseguir arrancar a roupa do menino.

Graziela Andrade/ID/BR

a. O Pombo 2 usa o verbo **fizeram** para falar sobre a aposta como algo que:

☐ já aconteceu (passado).
☐ acontece no momento da fala dele (presente).
☐ ainda vai acontecer (futuro).

b. Na sua segunda fala, o Pombo 2 usa o verbo **ganhar** no tempo presente. Imagine se esse verbo tivesse sido usado na forma a seguir.

> **POMBO 2**: **Ganhará** quem conseguir arrancar a roupa do menino.

- Nesse caso, o pombo estaria usando o verbo no tempo presente, passado ou futuro? Faria sentido, no texto, usar o verbo assim? Por quê?

____

____

c. Releia a fala do Pombo 1: "E como **é** essa aposta?". Em qual tempo o verbo está nessa frase?

____

Os verbos são flexionados para indicar, entre outras coisas, o tempo, ou seja, o momento em que acontece algo que eles expressam.

Em relação ao tempo, os verbos podem ser flexionados no **passado**, **presente** ou **futuro**. Observe os tempos verbais nos exemplos.

Ok, você **venceu**!	Menino **tira** o casaco.	O Vento **soprará** mais forte
↓ passado	↓ presente	↓ futuro

3 Releia estas duas falas do texto.

> **VENTO** *(para o Sol)*: **Desisto**...
> [...]
> **POMBO 2**: **Complicou** pro Vento, ué!

Graziela Andrade/ID/BR

a. Em que tempo estão os verbos?

____

b. Como ficaria a fala do Vento se o verbo estivesse no passado?

____

4 O trecho a seguir faz parte de uma rubrica do texto.

> Sol **aproxima-se** do Menino e **permanece** imóvel por alguns instantes. Menino começa a sentir um pouco de calor e se **abana**. Sol **dá** mais um passo em sua direção: o calor **aumenta**, e o Menino **desabotoa** o casaco. <u>Sol **dá** mais um passo; Menino **tira** o casaco.</u>

a. Em que tempo estão todos os verbos destacados?

____

b. Reescreva a primeira frase passando os verbos destacados para o passado.

____

c. Reescreva, agora, o trecho sublinhado, passando os verbos para o futuro.

____

5 Qual o tempo verbal mais usado em todas as rubricas do texto? Por que ele foi o mais usado?

Caminhos da língua

Uso da letra ℓ e da letra u em final de sílaba

1 Leia as palavras do quadro, retiradas do texto teatral “O Vento e o Sol”.

so**l**	fáci**l**	imóve**l**

a. O que essas palavras têm em comum quanto ao uso da letra **ℓ**?

____

____

b. O som representado pela letra **ℓ** é igual ou diferente nessas palavras?

____

2 Agora, observe as palavras do quadro a seguir.

Grupo 1	Grupo 2
mochi**l**a	á**l**bum
livro	teatra**l**
ca**l**or	fi**l**tro
i**l**uminação	so**l**to

Graziela Andrade/ID/BR

a. Em qual grupo de palavras o som representado pela letra **ℓ** é igual ao das palavras do quadro da atividade **1**?

____

b. Em qual grupo a letra **ℓ** está em início de sílaba, antes de vogal?

____

c. O que se pode dizer sobre a diferença do som representado pela letra **ℓ** nas palavras dos grupos **1** e **2**?

____

____

____

3 Leia as palavras deste outro quadro.

Grupo 1	Grupo 2
sopra	soprou
vence	venceu
sente	sentiu

a. Qual dos dois grupos de palavras indica ações que já aconteceram?

____

b. Qual dos dois grupos de palavras representa ações no presente?

____

4 Os verbos podem indicar ações no tempo presente, passado ou futuro. Existem muitos verbos no passado que terminam em **ou**, **eu** e **iu**. Observe estes exemplos retirados do texto.

> **POMBO 1**: Xiii...
> **POMBO 2**: **Complicou**...
> [...]
> **VENTO**: Ok, você **venceu**! É mesmo mais forte do que eu.

a. Junte-se a um colega e, em jornais e revistas:

- Pesquisem outros verbos que indicam tempo passado e respondam: Algum deles termina com *l*?

____

- Pesquisem palavras com a letra *l* em final de sílaba. No caderno, copiem e completem o quadro abaixo até que ele tenha um total de 12 palavras.

Palavras com *l* em final de sílaba	
seringa**l** (se-rin-ga**l**)	fa**l**ta (fa**l**-ta)
faro**l** (fa-ro**l**)	reso**l**ver (re-so**l**-ver)

Graziela Andrade/ID/BR

b. Agora, vocês vão seguir as orientações do professor e montar um jogo da memória.

Navegar na leitura

O texto que você vai ler a seguir é um trecho da peça "Folia dos três bois". Nessa peça, são contadas as aventuras do casal Zé e Das Graças, que percorrem o sertão para chegar à Serrinha de Cericecó, onde moram. O casal precisa chegar logo porque Das Graças está prestes a ter um bebê.

- **Observe a maneira como o texto está organizado. O que o identifica, na sua organização, como um texto teatral?**
- **Veja as ilustrações que acompanham o texto. De que forma as personagens são representadas na peça?**

Folia dos três bois

Personagens
Galo
Arauto (mensageiro)
Das Graças (boneca)
Zé (boneco)

GALO (*mexendo nas penas da cabeça, feitas de trapos* [...]) [...]

Vou continuar cantando
cocoricó já cantei
cocoricó vou **ciscando**
o caminho que andei!
O galo canta de alegre
quando canta no **banhado**
é triste cantar sozinho
melhor é acompanhado.
Vou continuar cantando
cocoricó já cantei!

(*Sai o Galo. Arauto vai sair, encontra os bonecos Das Graças e Zé, com* ***manipuladores*** *à vista. Os manipuladores sempre caminham junto com os bonecos.*)

ZÉ – Seu moço, este é o caminho da Serrinha, é?

Graziela Andrade/ID/BR

Ciscar: remexer com o bico a terra ou o chão.
Banhado: brejo coberto de vegetação.
Manipulador: pessoa que movimenta um boneco.

ARAUTO – Chamou?

ZÉ – Este é o caminho da Serrinha de Cericecó?

ARAUTO – Pra ir pra Serrinha tem que passar por um pé de alecrim...

DAS GRAÇAS – Por um pé de alecrim, já passamos, num é verdade, Zé?

ZÉ – É verdade, Das Graças. E o que mais, moço? Sabe, nós estamos muito aflitos pra chegar na nossa casa na Serrinha, não é, Das Graças?

DAS GRAÇAS – É sim, Zé. Mas o caminho é este mesmo, moço?

ARAUTO – Se já passaram por um alecrim, falta passar por um boi amarelim!

ZÉ – Por um boi amarelim, já passamos, né, Das Graças?

DAS GRAÇAS – É sim, Zé, todo amarelim, com chifres cheios de fita assim!

ARAUTO – Se já passaram por um boi...

DAS GRAÇAS – Mas eu acho que era uma vaca, não era, Zé?

ZÉ – Não era vaca nada, muié, era boi!

ARAUTO – E tem que passar por uma **ema** e por um galo...

ZÉ – Galo, nós já passamos, num é, Das Graças?

DAS GRAÇAS – Eu acho que era uma galinha **garnisé**, Zé!

Ema: a maior e mais pesada ave brasileira.
Garnisé: raça de galo ou galinha de tamanho pequeno.

(*Surge o Galo, danado da vida.*)

GALO – Galinha Garnisé, coisíssima nenhuma, ouviram? Eu sou um majestoso, maravilhoso, fantástico Galo de Cericecó. E tenho dito: cocoricó! (*Sai.*)

ARAUTO – É galo mesmo, dona. Se já passaram por tudo isso, estão no caminho certo da Serrinha de Cericecó! Até mais ver, xente!

(*Sai.*)

ZÉ (*gritando*) – Moço! Moço!

VOZ – O que é?

ZÉ – E falta muito pra gente chegar lá na Serrinha de Cericecó?

VOZ – Nem muito, nem pouco, um muito pouco só. [...]

Graziela Andrade/ID/BR

Sylvia Orthof. *Fantasma de camarim*: doideiras com Apolônia Pinto. Belo Horizonte: Formato, 1995. p. 64-65.

Ler para compreender

1 O que as personagens Zé e Das Graças querem saber?

2 Para chegar onde desejam, pelo que eles tinham de passar?

Graziela Andrade/ID/BR

3 Quem dá as informações a eles?

4 Zé e Das Graças foram informados de que estavam no caminho certo. Quanto ainda faltava para eles chegarem?

5 No final do texto, em vez do nome de uma personagem, aparece a palavra **voz** diante de algumas falas.

a. De quem é essa voz?

b. Por que, em vez do nome da personagem, aparece o termo **voz**?

6 Releia este trecho do texto e, depois, responda às questões.

> ZÉ – Por um boi amarelim, já passamos, né, Das Graças?
> DAS GRAÇAS – É sim, Zé, todo amarelim, com chifres cheios de fita assim!

a. Qual é a cor do boi citada no trecho?

b. **Amarelim** é o diminutivo dessa cor. Qual é a outra maneira de escrevê-lo?

c. Qual é a diferença entre essas duas maneiras de escrever o diminutivo?

d. Há pessoas que falam **amarelim** e outras que falam **amarelinho**. Qual dos dois diminutivos você costuma usar?

7 **Nesta fala da personagem Zé, a palavra em destaque também pode ser falada de outra maneira.**

Graziela Andrade/ID/BR

DAS GRAÇAS – Mas eu acho que era uma vaca, não era, Zé?
ZÉ – Não era vaca nada, **muié**, era boi!

- Que outras formas de falar essa palavra você conhece?

8 **Em sua opinião, por que no texto foram usadas as formas amarelim e muié em vez de amarelinho e mulher?**

O texto teatral está muito relacionado à fala. Muitas vezes, nele se busca representar, de alguma maneira, o jeito de falar das pessoas nas falas das personagens, pois o falar faz parte da nossa identidade. As palavras, o jeito de combiná-las e o modo como são pronunciadas podem mudar de acordo com o lugar, o grau de escolaridade, a idade, a profissão, entre outras características, de quem fala.

9 **Releia estas falas do texto.**

ZÉ – Seu moço, este é o caminho da Serrinha, é?
ARAUTO – Chamou?

ARAUTO – É galo mesmo, dona. Se já passaram por tudo isso, estão no caminho certo da Serrinha de Cericecó! Até mais ver, xente!

Agora, leia e compare essas falas escritas de outra maneira.

ZÉ – Moço, por favor, este é o caminho da Serrinha de Cericecó?
ARAUTO – O senhor me chamou?

ARAUTO – Ele é mesmo um galo, senhora. Se já passaram por tudo isso, estão no caminho certo da Serrinha de Cericecó! Até logo, pessoal!

a. O que aconteceu com o jeito de falar das personagens?

____

____

____

b. As falas reescritas fazem você imaginar as personagens de outra maneira? Em caso afirmativo, de que maneira?

____

____

____

c. Com um colega, reescreva no caderno os dois trechos de uma terceira maneira, diferente das duas maneiras apresentadas. Imagine outro jeito de falar. Depois, apresente-os à turma e pergunte aos colegas como eles imaginam as personagens agora.

10 Complete o esquema a seguir.

Casal de personagens

____

Objetivo: Aonde as personagens querem chegar?

____

Etapas

Passar por	Passar por	Passar por	Passar por
____________	____________	____________	____________

Quem deu as informações?

____

Quanto ainda falta para chegar?

____

Caminhos da língua

Uso de pontuação expressiva

1 Observe os sinais de pontuação no final destas duas falas.

DAS GRAÇAS – Mas eu acho que era uma vaca, não era, Zé?
ZÉ – Não era vaca nada, muié, era boi!

Graziela Andrade/ID/BR

a. Em qual das falas há uma pergunta?

____

b. Qual das falas enfatiza uma declaração?

____

c. Quando falamos, muitas vezes, manifestamos nossas emoções pelo modo como usamos a voz. O que Zé expressa em sua resposta?

☐ dúvida ☐ firmeza ☐ alegria ☐ raiva

2 Releia este diálogo.

ZÉ – Galo, nós já passamos, num é, Das Graças ★
DAS GRAÇAS – Eu acho que era uma galinha garnisé, Zé!
(Surge o Galo, danado da vida.)
GALO – Galinha garnisé, coisíssima nenhuma, ouviram? Eu sou um majestoso, maravilhoso, fantástico Galo de Cericecó. E tenho dito: cocoricó!

a. Qual sinal de pontuação deve ser usado no final da fala de Zé? Justifique sua resposta.

____

b. Que sinal de pontuação aparece no final da fala de Das Graças? Com que intenção esse sinal provavelmente foi usado: para enfatizar a observação que Das Graças faz a Zé ou expressar indignação?

____

____

____

c. Nesse diálogo, que personagem reagiu com braveza?

____

d. O que o ponto de exclamação usado na frase "E tenho dito: cocoricó!" expressa pelo Galo, revela?

☐ insegurança e raiva ☐ indignação e firmeza

3 **Releia esta frase:**

> Galinha garnisé, coisíssima nenhuma, **ouviram**?

a. Reescreva a frase sem o verbo **ouviram** e usando o ponto de exclamação.

____

b. Experimente ler de várias maneiras a fala que você reescreveu, conforme as sugestões a seguir.

Ilustrações: Graziela Andrade/ID/BR

 com muita braveza

 com muita tristeza

 com muito sono

 com muita alegria

4 **Observe as respostas que Zé e Das Graças deram um para o outro.**

Graziela Andrade/ID/BR

> DAS GRAÇAS – Por um pé de alecrim já passamos, num é verdade, Zé?
>
> ZÉ – **É verdade, Das Graças**. E o que mais, moço? Sabe, nós estamos muito aflitos pra chegar na nossa casa na Serrinha, não é, Das Graças?
>
> DAS GRAÇAS – **É sim, Zé**. Mas o caminho é este mesmo, moço?

a. As respostas em destaque são afirmações simples ou feitas de forma brava ou exaltada? Que sinal de pontuação foi usado nas duas respostas?

____

____

b. Se, na primeira fala, fosse retirado o trecho "num é verdade, Zé?", poderia ser usado o ponto-final? Reescreva a fala usando esse sinal.

____

____

5 Leia a tira a seguir, do Menino Maluquinho. As falas estão sem os sinais de pontuação.

Ziraldo/Acervo do artista

Ziraldo. *As melhores tiradas do Menino Maluquinho*. São Paulo: Melhoramentos, 2004.

a. Na tira, o que o Menino Maluquinho descobriu?

____

____

b. Observe o jeito e a expressão do Menino Maluquinho nos dois primeiros quadrinhos. Como ele está?

____

c. Que sinal de pontuação é mais adequado no primeiro e no segundo balão?

☐ ponto de exclamação ☐ ponto de interrogação

d. Se, nas falas dos dois primeiros balões, fosse usado o ponto-final, isso indicaria uma mudança no modo de o garoto se expressar? Explique.

e. Releia o último quadrinho e reescreva a fala de Junim de modo que ele faça duas perguntas e uma exclamação. Essa fala é entusiasmada?

____

____

____

f. Em sua opinião, por que o Menino Maluquinho fica surpreso com a fala de Junim?

____

g. Por que será que Junim não queria mais ser ele? Converse sobre isso com seus colegas.

Saber Ser

Jogos e brincadeiras

Jogo O caminho da Serrinha de Cericecó

Vamos brincar com o jogo O caminho da Serrinha de Cericecó? Forme dupla com um colega e siga as instruções.

Número de participantes: 2.
Material: 1 dado e 2 pinos.

Como jogar

Tirem par ou ímpar para ver quem começa jogando o dado. Cada jogador, na sua vez, deve avançar o número de casas indicado no dado. Se o pino desse jogador cair em uma casa com uma pergunta e o jogador acertar a resposta, ele avança uma casa; se errar, fica onde está. E assim sucessivamente. Vence o jogo quem chegar primeiro ao final.

Leandro Lassmar/ID/BR

Navegar na leitura

Comum no Nordeste, o mamulengo é uma espécie de boneco artesanal. O nome **mamulengo** também pode se referir ao teatro com esses bonecos.

- Observando apenas as imagens, explique como é feito o boneco.
- Cite alguns materiais usados na confecção do mamulengo.

Faça seu mamulengo

Materiais

- 1 rolo vazio de papel higiênico
- 2 tampas de pasta de dente
- 1 tampa de amaciante de roupas
- 1 tampa de garrafa PET
- 1 vareta de bambu de 50 cm
- 1 palito de churrasco
- barbante
- papelão
- folhas de jornal ou de revista
- retalhos de tecido
- botões

Fotografias: Ricardo Girotto/Acervo do artista

Atenção!

Para confeccionar o mamulengo, é necessária a ajuda de um adulto.

Como fazer

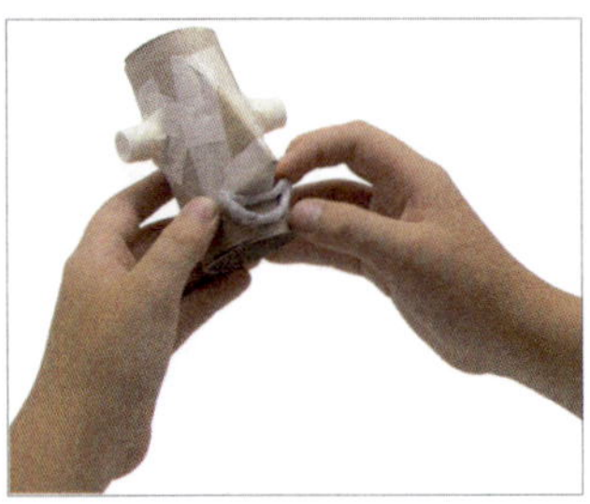

1. Comece pelas orelhas do boneco: no rolo de papel higiênico cole as tampas de pasta de dente com fita-crepe. Para o nariz, use um pedaço de papelão em forma de losango. A boca e as sobrancelhas serão tirinhas de papel coladas no rolo.

2. Recorte um círculo de papelão do mesmo tamanho do buraco do rolo e faça um pequeno furo no meio. Cole com fita-crepe na parte de baixo da cabeça, onde irá o pescoço.

Fotografias: Ricardo Girotto/Acervo do artista

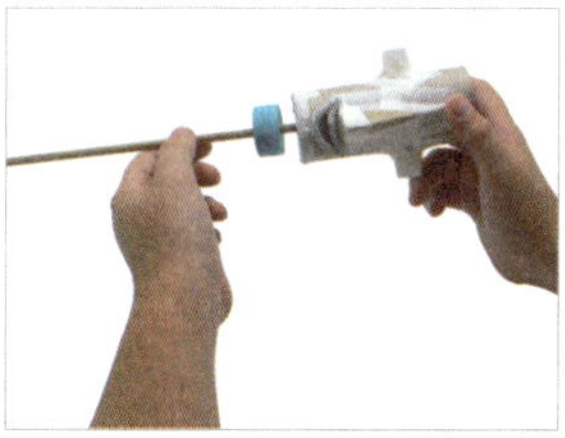

3. Para o pescoço, faça um furo no meio da tampa da garrafa PET. Espete nela a vareta de bambu e depois encaixe no furo da parte de baixo da cabeça. Cole com fita-crepe, deixando bem alinhado e firme.

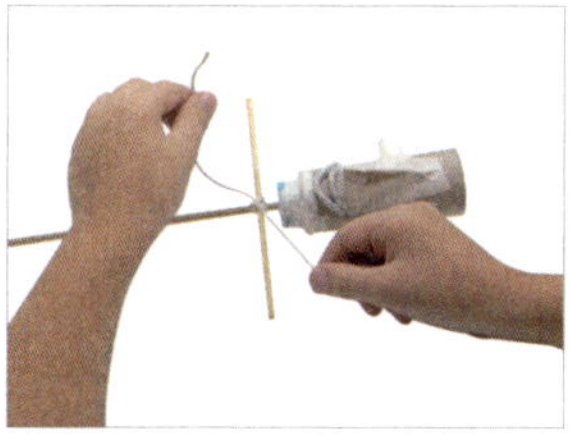

4. Corte a ponta do palito de churrasco e amarre com barbante na vareta para fazer os ombros. Firme o nó com um pouco de cola. A estrutura do corpo está pronta, você pode **papietar** e pintar a cabeça e o pescoço.

Papietar: dar forma a um objeto usando papéis picados sobrepostos e cola.

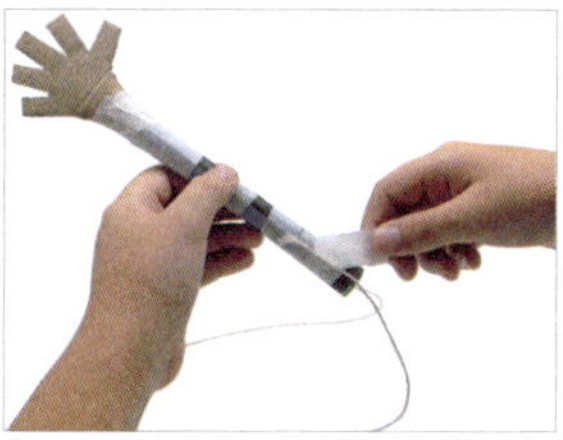

5. Para os braços, faça dois canudos com folha de jornal, com 15 cm de comprimento cada. No papelão, desenhe e recorte as mãos e cole com fita-crepe nos braços. Prenda na ponta deles um pedaço de barbante de 15 cm.

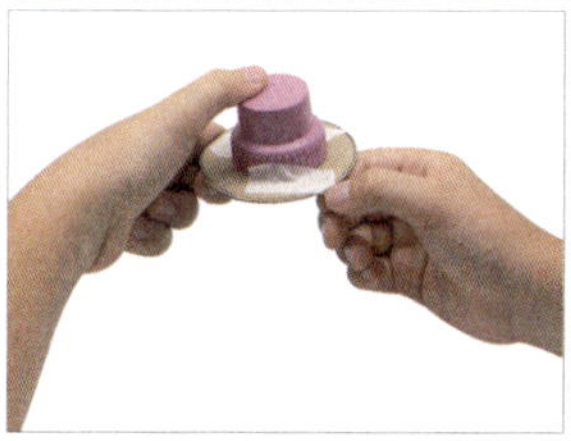

6. Depois de papietar e pintar braços e mãos, faça o chapéu: recorte um círculo de papelão com 8 cm de diâmetro e cole sobre ele a tampa do amaciante de roupas usando fita-crepe. Depois é só papietar e pintar.

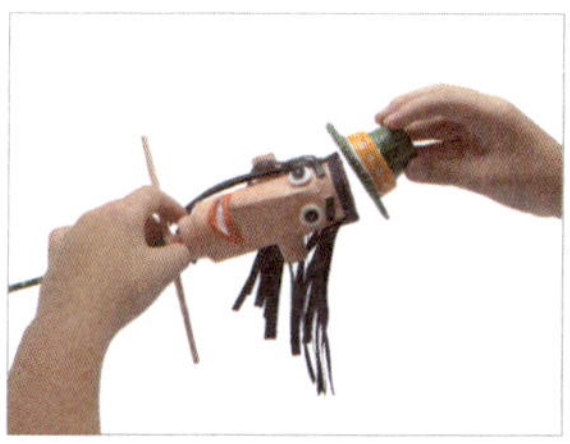

7. Cole botões para os olhos. Com todos os detalhes do rosto prontos, faça os cabelos com tiras de tecido. Cole as pontas do cabelo dentro da abertura do rolo. Depois cole o chapéu.

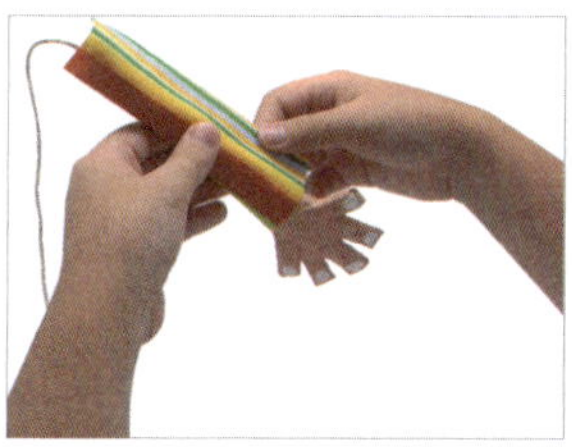

8. Para as mangas da camisa, corte dois retalhos de tecido de 15 cm x 7 cm. Enrole um em cada braço e cole com cola branca.

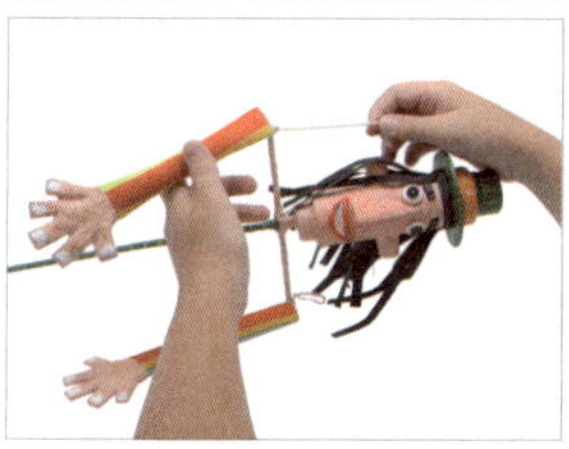

9. Amarre o barbante dos braços na vareta dos ombros, um em cada ponta, observando a posição das mãos, para que os dedos não fiquem invertidos.

10. Junte dois retalhos de tecido, de 15 cm x 25 cm, na frente e nas costas do boneco, prendendo-os com cola nos ombros e nas laterais, de modo a esconder o barbante. Cole botões na roupa para enfeitar. Pronto!

Ricardo Girotto. *Fábrica de brinquedos*. São Paulo: Ática, 2010. p. 6-7.

Ler para compreender

1 O texto lido ensina a fazer um mamulengo e está dividido em duas partes. Quais são essas partes e o que elas contêm?

---

2 Qual das duas partes foi escrita em forma de lista?

---

3 A outra parte foi escrita como um texto corrido, organizado em parágrafos, ou de outra forma? Explique de que maneira foi organizada.

Ricardo Girotto/Acervo do artista

4 Podemos dizer que na segunda parte:

- [ ] são apresentadas algumas dicas de como confeccionar o boneco.
- [ ] são dadas instruções detalhadas de como fazer o boneco.

5 Além das instruções dadas, o que mais aparece relacionado à montagem do mamulengo?

- Você acha que esse recurso ajuda a entender as instruções? Por quê?

---

6 Que parte do boneco é confeccionada primeiro?

- Que etapas dão instruções de como confeccionar essa parte?

---

7 Releia o final do passo **1**.

> A boca e as sobrancelhas serão tirinhas de papel coladas no rolo.

a. Esse trecho foi reescrito abaixo com mais detalhes. Complete a nova versão utilizando verbos para instruir o que se deve fazer. Preste atenção nas informações dadas para identificar quais verbos estão faltando e completar o texto com eles.

> Com a tesoura, ______________________ o papel em tirinhas. Faça a boca e as sobrancelhas __________________ as tirinhas de papel no rolo. ___________________ as sobrancelhas com tinta preta, e a boca, com tinta vermelha.

b. Se o final do passo **1** fosse escrito dessa maneira, o que deveria ser acrescentado à lista de materiais?

____

8 Qual é a importância dos verbos nas instruções dadas no texto?

____

____

9 Suponha que uma criança queira confeccionar o mamulengo. Em quais passos ela deverá pedir a ajuda de um adulto para garantir a sua segurança? Responda indicando os números desses passos e explique o porquê de sua escolha.

____

____

____

____

10 Quais passos para a confecção do boneco envolvem a indicação de medidas?

____

- As medidas mencionadas no texto são dadas em:

☐ gramas. ☐ metros. ☐ centímetros.

Dando asas à produção

Texto instrucional

Neste capítulo, você leu um texto instrucional que ensina a fazer um mamulengo, tipo de boneco também conhecido como fantoche, com o qual se pode fazer encenações.

Agora, você vai pesquisar sobre outros tipos de fantoche e escrever um texto instrucional que ensina a fazer um desses bonecos.

O que vou produzir

Você vai fazer pesquisas na internet para descobrir quais outros tipos de fantoche existem e como eles são feitos. Em seguida, vai escolher um deles para produzir um texto instrucional que ensine a construí-lo.

O texto será exposto na escola. Assim, todos que tiverem interesse poderão criar seu próprio fantoche. Além disso, ele vai fazer parte de uma encenação na seção *Olá, oralidade*.

Orientações para a produção

1. Pesquise, na internet ou em materiais impressos, diferentes tipos de fantoche e observe as diversas formas de fazer um fantoche. Escolha o fantoche e a forma que mais lhe agradar.
2. Organize as informações pesquisadas no caderno para facilitar a criação do texto instrucional. Registre os materiais necessários e as orientações para produzir o fantoche. Indique a quantidade de cada material e também as fontes pesquisadas, ou seja, o lugar de onde você retirou as informações.

Bruna Ishihara/ID/BR

3. Escreva no caderno o rascunho do seu texto instrucional. Lembre-se de que o objetivo desse texto é ensinar a fazer um fantoche. Por isso, seja claro e coloque todas as informações importantes.
4. O texto será organizado em duas partes:
   a. Na primeira parte, indique quais materiais serão utilizados e a quantidade de cada um.
   b. Na segunda, escreva o passo a passo de como fazer o fantoche. Lembre-se de numerar cada uma das etapas.

5. Use verbos para explicar o que é preciso fazer em cada etapa. Veja alguns verbos que podem ser utilizados: faça, recorte, cole, enfeite, coloque.

6. Lembre-se de criar um título para o texto, que pode ser o nome do tipo de fantoche que você está ensinando a fazer.

Avaliação e reescrita

Troque o texto instrucional que você escreveu com o de um colega. Leia o texto dele e pinte **sim** ou **não** como resposta às seguintes perguntas.

1. O texto tem um título que indica o tipo de fantoche ensinado?	Sim	Não
2. Os materiais necessários para fazer o fantoche estão indicados?	Sim	Não
3. As quantidades necessárias de cada material estão indicadas?	Sim	Não
4. O texto apresenta o modo de se fazer o fantoche?	Sim	Não
5. O passo a passo tem verbos que ajudam a entender o que é preciso fazer?	Sim	Não
6. Você conseguiria fazer o fantoche com as informações desse texto?	Sim	Não

Converse com o colega sobre as perguntas acima e troquem sugestões para aprimorar os textos instrucionais que escreveram.

Levando em conta as respostas às perguntas da tabela e às sugestões do colega, faça as modificações necessárias, reescrevendo partes do texto ou acrescentando mais informações a ele.

Depois, passe a versão definitiva do texto a limpo em uma folha de papel avulsa e ilustre-o. Lembre-se de que as ilustrações também ajudam a explicar como fazer o fantoche. Você também pode digitar o texto e inserir imagens pesquisadas na internet.

Circulação do texto

Os textos produzidos por você e pelos colegas serão expostos em diferentes lugares da escola, pois pode haver mais pessoas interessadas em aprender a fazer fantoches.

Em outro momento, na seção *Olá, oralidade*, o fantoche que você ensinou a fazer será confeccionado e utilizado em uma encenação.

Bruna Ishihara/ID/BR

Olá, oralidade

ACESSE O RECURSO DIGITAL

Apresentação de teatro de fantoches

Vamos organizar uma apresentação teatral? Neste capítulo, você leu duas histórias escritas para serem encenadas. Nesta seção, você vai montar um teatro de fantoches e se preparar para se apresentar no festival de teatro que será proposto no final do capítulo, na seção *Vamos compartilhar!*.

Orientações para a produção

Para realizar a apresentação do teatro de fantoches, siga o roteiro.

1. O professor dividirá a turma em seis grupos:
   - Três grupos apresentarão a primeira peça de teatro deste capítulo, "O Vento e o Sol". Participam dela o Sol, o Vento, um menino e dois pombos.
   - Três grupos representarão o trecho da peça "Folia dos três bois", que tem como personagens o Galo, o Arauto, Zé e Das Graças.
2. As personagens serão representadas por fantoches ou marionetes manipuladas por vocês. Para confeccionar os bonecos, vocês podem seguir as instruções do texto das páginas 66 e 67 ou criar outro tipo de fantoche. Preparem também a estrutura que servirá de palco e cenário para os bonecos. Se necessário, separem outros adereços para a apresentação.

Graziela Andrade/ID/BR

Preparação da fala

1. Depois de confeccionarem os bonecos e o palco, comecem os ensaios lendo, com atenção, as rubricas dos textos. Elas orientam quais personagens participam da cena, quando cada um entra ou sai, qual é o sentimento ou a emoção das personagens, etc.

2. Conversem sobre como vocês vão se posicionar atrás do palco e o modo de manipular os fantoches. Treinem também como vão movimentá-los enquanto falam. Marquem bem o momento que cada boneco deve entrar no palco ou sair de cena.
3. Cada integrante do grupo precisa saber o que vai falar. Procurem treinar bem a sequência de falas de seu boneco-personagem.
4. Ensaiem os diálogos verificando qual é a melhor entonação para as falas de cada um. Durante o ensaio, tenham sempre com vocês uma cópia do texto. Procurem sincronizar a fala e a movimentação do fantoche.

Ao representar peças teatrais ou fazer leituras em voz alta, você pode usar a voz de diferentes maneiras, de acordo com o que quer expressar. Essa variação do tom de voz é chamada de **entonação**.

Graziela Andrade/ID/BR

Avaliação

Converse com os colegas e o professor sobre como foram as apresentações dos grupos.

- Todos os integrantes do grupo cumpriram as respectivas tarefas? Se não cumpriram, por que isso aconteceu?
- A apresentação saiu como o esperado ou precisaria de ajustes? Quais?
- As falas foram bem ensaiadas?
- A entonação usada nas falas foi adequada à situação vivida pelas personagens?
- O movimento dos fantoches estava em sintonia com as falas das personagens?
- Vocês gostaram de ter participado do teatro? Por quê?

ACESSE O RECURSO DIGITAL

1 Leia a história em quadrinhos a seguir, com as personagens Carolina e Bocão, da Turma do Menino Maluquinho.

É FÁCIL!

Ziraldo/Acervo do artista

Ziraldo. *Curta o Menino Maluquinho*. São Paulo: Globo, 2007. v. 2.

a. O que Carolina havia recomendado a Bocão?

____

b. No segundo quadrinho, Carolina usou dois verbos. Indique quais são e o tempo em que eles estão.

____

c. No terceiro quadrinho, Bocão diz saber algo. A que ele se refere, isto é, o que é que ele sabe? Em que tempo o garoto usou o verbo **saber**?

____

____

d. Carolina ressalta, no segundo quadrinho, os benefícios de se tomar suco de frutas. Você gosta de suco de frutas? O que você pensa sobre o fato de muitas crianças preferirem refrigerantes a sucos naturais?

Saber Ser

2 O título da história em quadrinhos é "É fácil!".

a. O tom exclamativo usado nessa expressão contribui para indicar:

☐ incentivo, encorajamento. ☐ atenção, cuidado.

☐ irritação, aborrecimento. ☐ dúvida, confusão.

b. Podemos dizer que a expressão "É fácil!" está subentendida em uma das falas de Carolina. Qual é essa fala? Pinte-a.

3 **Nas falas de Carolina, está bastante presente o ponto de interrogação. Relacione cada quadrinho a seguir com o tipo de expressividade sugerida pela pontuação, anotando a letra correspondente.**

A O uso da interrogação expressa como Carolina ficou surpresa com o que Bocão disse.

B O uso da interrogação expressa a curiosidade de Carolina em saber algo.

Ziraldo/Acervo do artista

4 **Releia a fala de Bocão no último quadrinho.**

a. Preencha o quadro abaixo com os verbos que Bocão usou nesse quadrinho.

Passado			
Presente			

b. Apesar de o título da HQ ser "É fácil!", o que Bocão achou ao tentar fazer o suco? Responda escrevendo esse adjetivo no quadro abaixo. Em seguida, complete o quadro com os dois verbos com **u** final do quadro anterior.

Adjetivos	fácil	
Verbos no passado		

Vamos compartilhar!

Festival de teatro

Neste capítulo, você leu textos teatrais e conheceu histórias interessantes. Também preparou uma dramatização.

Agora, vocês vão apresentar isso em um festival de teatro. Com o professor, você e os colegas devem escolher um dos textos teatrais estudados no capítulo para encenar.

Preparação e divulgação do evento

1. Dividam-se em grupos e decidam que tipo de apresentação vão fazer: teatro de fantoches ou teatro em que atuarão como personagens.
2. Com a ajuda do professor, façam vários ensaios até julgarem que estão preparados para a exibição.
3. Definam onde será a apresentação e preparem a decoração do espaço. Se houver teatro de fantoches, onde eles serão manipulados: em uma caixa que servirá de palco ou sobre uma mesa? Se forem participar como atores, decidam se usarão figurinos, etc.
4. Haverá música ou efeitos sonoros durante a apresentação? Por exemplo, imitar uma grande tempestade, imitar o som de cavalo galopando, etc.
5. Combinem com o professor a divisão de tarefas para que todos participem e ninguém fique com excesso de atividades.
6. Decidam a data da exibição e divulguem o festival. Dentro da escola, vocês poderão afixar cartazes de divulgação. Para as pessoas de fora da escola, como familiares e amigos, preparem um convite para entregar a eles. Lembrem-se dos elementos que precisam fazer parte do convite: nome do evento, local onde acontecerá, data e horário.

Graziela Andrade/ID/BR

7. Aproveite a ocasião e abra o festival de teatro com a declamação dos poemas produzidos no capítulo anterior.
8. Com o professor, decidam quem apresentará o evento e preparem uma programação indicando qual é a sequência de peças que serão mostradas e o nome dos atores.
9. Durante a exibição, tanto os atores como o apresentador do festival precisam atentar para a melhor maneira de usar a voz e falar em um tom adequado para que todos possam ouvi-los.

Graziela Andrade/ID/BR

Avaliação

Na hora das apresentações, três duplas ficarão responsáveis por observar e avaliar o seguinte:

- **Dupla 1:** Se a entonação usada pelas personagens combinou com o que elas estavam dizendo.
- **Dupla 2:** Se a movimentação e os gestos dos atores e dos fantoches estavam de acordo com as falas das personagens.
- **Dupla 3:** Se foi possível compreender a sequência da peça.

Depois, em uma roda de conversa, avaliem as dramatizações.

- Todos estavam bem ensaiados?
- Os integrantes dos grupos estavam entrosados?
- Quem se apresentou com fantoches conseguiu uma boa combinação entre as falas e o que os fantoches faziam em cena?
- O público prestou atenção nas apresentações?

Na roda de conversa, reservem um tempo para que as três duplas de observadores falem sobre o que ouviram, viram e anotaram.

Sugestões de leitura

Nova Fronteira/Arquivo da editora

***O cavalinho azul e outras peças*, de Maria Clara Machado. Editora Nova Fronteira.**
A peça que dá título ao livro conta a história de Vicente, um menino pobre que vive em um sítio e que tem um pangaré marrom e feio, que ele acredita ser um lindo cavalinho azul. Um dia, seu pai resolve vender o animal. Pensando que o cavalinho tinha se perdido, Vicente sai pelo mundo à sua procura. No caminho, encontra outras personagens.

***As roupas do rei seguida de Inventa-desinventa*, de Cláudia Vasconcellos. Edições SM (Coleção Comboio de Corda).**
Neste livro, os leitores serão capazes de explorar o universo dos textos teatrais a partir de duas peças: "As roupas do rei" e "Inventa-desinventa". Na primeira, um garoto conhece um rei bastante peculiar, que gosta de pastel e tem cara de menino. Já a outra, mostra o jovem Teodoro aprendendo a lidar com suas próprias imaginações, sendo elas boas ou não.

Edições SM/Arquivo da editora

Planeta/Arquivo da editora

***Quando os bichos faziam cena: fábulas de Esopo adaptadas para teatro*, de José Carlos Aragão. Editora Planeta.**
O livro traz dez fábulas de Esopo escritas em forma de texto teatral. Entre as peças selecionadas estão "O burrico preguiçoso" e "O tucano adivinho". Os diálogos são curtos e expressivos e podem ser encenados em casa ou na escola.

CAPÍTULO 3

Quando a gente não está legal

Ao longo da vida, as pessoas podem vivenciar situações difíceis, que podem deixá-las tristes e confusas. Nem sempre é fácil falar sobre assuntos que nos causam aborrecimento, tristeza. Algumas pessoas conversam sobre o que as incomoda, outras já preferem ficar em silêncio.

Observe a foto a seguir e a expressão do menino e do cachorro.

123RF/Easypix Brasil

- Em sua opinião, o que o menino está sentindo? Será que ele está aborrecido, triste, desanimado, ou apenas contemplando algo?
- A foto está em preto e branco. Essa característica se relaciona ao que ela transmite? Explique.
- O que você costuma fazer quando percebe que alguém não está bem?

Saber Ser

- Já aconteceu de você não se sentir bem em uma situação ou diante de um acontecimento? O que você fez para se sentir melhor?

Navegar na leitura

O texto a seguir faz parte do livro *O meu amigo pintor*, da escritora Lygia Bojunga. O narrador é um menino que passa por uma situação que lhe causa vários sentimentos confusos. Ele vai aprendendo a reconhecer esses sentimentos e a lidar com eles.

- **Como você imagina que seja a relação do menino que narra a história com o pintor?**
- **O que você imagina que o menino pode ter aprendido com seu amigo pintor?**

Pastel: técnica de pintura a seco sobre papel ou outras superfícies.

O meu amigo pintor

Sexta-feira

Eu não sei se eu já nasci desse jeito ou se eu fui ficando assim por causa do meu amigo pintor, mas quando eu olho pra uma coisa eu me ligo logo é na cor. [...]

Um dia o meu amigo me disse que eu era um garoto com alma de artista, e me deu um álbum com uns trabalhos que ele tinha feito em aquarela, tinta a óleo e **pastel**. [...]

O meu amigo me disse que quanto mais a gente prestava atenção numa cor, mais coisa saía de dentro dela. Eu fiquei olhando pra cara dele sem entender. Não entendi mesmo aquela história de *tanta coisa ir saindo de dentro de uma cor*.

Mas hoje teve uma hora que eu não estava a fim de olhar pra cara de ninguém. Então abri o álbum que ele tinha me dado. [...]

Weberson Santiago/ID/BR

Olhei, olhei, toca a olhar. E de repente eu entendi direitinho o que ele tinha falado! Me deu uma vontade danada de ir lá em cima dizer:

"Saquei o que você me disse naquele dia! estou entendendo demais esse preto; te juro que me deu um estalo e eu estou entendendo o jeito que esse amarelo pegou".

Só que não deu pra falar com o meu amigo pintor; ele morreu. Hoje está fazendo três dias que ele morreu.

O meu amigo mora, quer dizer, morava, no apartamento aqui de cima. Eu ia lá jogar **gamão** com ele, a gente conversava, e ele tinha um relógio de parede que batia hora e meia-hora também. [...]

Pra mim, ouvir o relógio batendo era que nem ouvir o meu amigo andando. Ou falando. Ou rindo; será que dá pra entender o que eu quero dizer? [...]

Mas não era isso que eu queria contar. Eu queria era dizer que na terça-feira quando eu cheguei da escola eu fiquei sabendo que ele tinha morrido. Fui lá. Não aguentei olhar pra ele assim morto: virei a cara pra parede; e dei de cara com um quadro que ele tinha pintado: uma mulher amarela. (Um dia ele me disse que ela estava assim toda amarela porque ela tinha acordado contente, e eu — que ainda não sacava nada de cor — fiquei achando que era birutice de pintor.)

Não deu pra ficar lá em cima; voltei correndo pro meu quarto.

De repente, comecei a me sentir todo escuro por dentro. Tão escuro que não dava pra enxergar mais nada dentro de mim.

Mas nessa hora o relógio começou a bater. **À beça**. Porque era meio-dia. E se alguém perguntar que cor que tinha a batida eu respondo correndo, amarela!! É que eu fiquei igualzinho ao meu amigo pintor: dei pra achar que amarelo é uma cor contente. E era tão bom ouvir aquele meio-dia! [...]

Gamão: jogo de dados no qual o objetivo é fazer avançar as pedras sobre um tabuleiro de dois compartimentos.

À beça: muitas vezes.

E ele bateu. No princípio amarelo forte. Mas depois o amarelo foi ficando mais fraco; cada vez mais fraco. O relógio estava perdendo corda e era por isso que a batida se arrastava com aquele amarelo cada vez mais desanimado, cada vez mais **esbranquiçado**.

Esbranquiçado: de cor semelhante ao branco; descolorido, desbotado.

Hoje ficou tudo branco: o relógio não bateu mais.

Que vontade! que vontade de ir lá dar corda nele.

A porta está trancada.

— Quem é que ficou com a chave?

— A tal Clarice.

— Mas a corda do relógio acabou.

— Ela levou a chave.

— Mas o relógio...

— Ela diz que volta aqui.

— Mas e o relógio?

Weberson Santiago/ID/BR

De noite, quando eu fui dormir, fiquei esperando, esperando, esperando.

Nada. Só aquele branco todo; eu nunca pensei que silêncio fosse assim tão branco. E aí, sim, eu vi mesmo que o meu amigo tinha morrido e que branco doía mais que preto, amarelo nem se fala!, doía mais que qualquer cor.

Lygia Bojunga. *O meu amigo pintor*. Rio de Janeiro: Casa Lygia Bojunga, 2009. p. 8-10.

Texto e contexto

Lygia Bojunga, autora do livro *O meu amigo pintor*, sempre se destacou por seu trabalho como escritora de livros para crianças e jovens. Seus livros foram traduzidos em várias línguas. De forma sensível, nessa história, a autora relaciona os sentimentos a cores. Ao longo da vida, Lygia tem recebido prêmios e homenagens. Em 1982, ela recebeu o Prêmio Hans Christian Andersen, o mais importante da literatura infantil e juvenil do mundo.

Casa Lygia Bojunga/Arquivo da editora

Ler para compreender

1 Releia este trecho do início do texto.

> Eu não sei se eu já nasci desse jeito ou se eu fui ficando assim por causa do meu amigo pintor, mas quando eu olho pra uma coisa eu me ligo logo é na cor.

a. Que característica o menino afirma ter nesse trecho?

____

b. Em sua opinião, o menino sempre foi assim ou aprendeu isso com o amigo pintor? Converse com os colegas.

2 Releia este trecho.

> Mas nessa hora o relógio começou a bater. À beça. Porque era meio-dia. E se alguém perguntar que cor que tinha a batida eu respondo correndo, amarela!! [...]
>
> E ele bateu. No princípio amarelo forte. Mas depois o amarelo foi ficando mais fraco; cada vez mais fraco. O relógio estava perdendo corda e era por isso que a batida se arrastava com aquele amarelo cada vez mais desanimado, cada vez mais esbranquiçado.

Weberson Santiago/ID/BR

a. Por que o menino gostava de ouvir o relógio bater? Sublinhe no texto o trecho da história que apresenta essa resposta.

b. Por que o menino disse que a batida do relógio, no princípio, era amarela?

____

____

c. No texto, que relação há entre o fato de o relógio perder corda e o amarelo ir ficando cada vez mais esbranquiçado?

____

____

____

____

____

3 **No fim do texto, o menino faz uma relação com a cor branca.**

a. O menino relaciona a cor branca a quê?

___

b. Por que o menino afirma no fim do texto que "branco doía mais que preto"?

___

___

c. O fato de o menino relacionar as cores aos sentimentos que tinha pela morte do amigo:

- ☐ contribuiu para que ele compreendesse melhor seus sentimentos.
- ☐ confundiu ainda mais o menino, pois as cores não têm relação com os sentimentos.

4 **Complete a tabela de acordo com o texto, relacionando cada cor da paleta ao sentimento correspondente.**

Sentimento	Cor
Contentamento, alegria.	___
Solidão (do silêncio).	___
Dor (mais que preto).	___
Dor (mais que qualquer cor).	___
Desânimo.	___
Dor (menos que o branco e o amarelo).	___

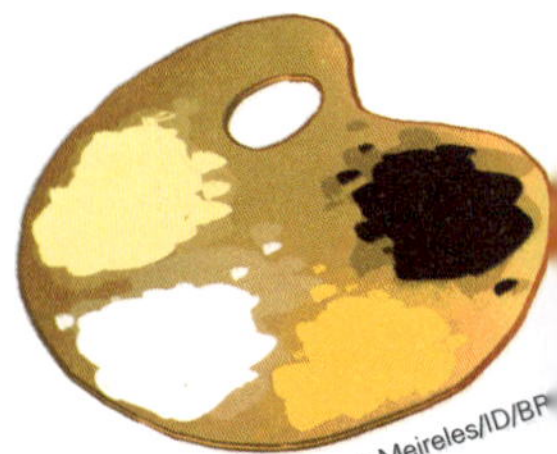

Giz de Cera /Sidney Meireles/ID/BR

5 **Leia outro trecho do texto, em que o menino fica aguardando as batidas do relógio do amigo.**

> E aí, tinha o aniversário da minha prima. Mas eu não fui.
> Tinha um bate-bola na escola. Mas eu não fui.
> Tinha um livro que eu estava gostando. Mas eu nem quis mais ler.
> Só pra ficar aqui. Escutando o relógio bater.
> E ele bateu. [...]

Lygia Bojunga. *O meu amigo pintor*. Rio de Janeiro: Casa Lygia Bojunga, 2009. p. 9-10.

a. O que o fato de o menino preferir ficar em casa escutando o relógio tocar em vez de participar das outras atividades revela sobre a amizade dele com o amigo pintor?

b. A apresentação das atividades, uma após a outra, indica que:

☐ o menino estava com a rotina e os sentimentos muito confusos, pois tinha muita coisa para fazer.

☐ o menino evitava as atividades para ouvir as batidas do relógio e sentir a presença do amigo.

6 **O livro *O meu amigo pintor* está escrito em forma de diário pessoal, pois está organizado conforme os dias da semana em que o menino relata os fatos.**

Weberson Santiago/ID/BR

a. Em que dia da semana o menino relata os fatos dessa parte do livro?

b. Em que dia da semana o amigo pintor morreu? Circule no texto os trechos que comprovam sua resposta.

c. Em sua opinião, escrever no diário pessoal foi uma maneira de o menino expressar o que sentia e de desabafar? Por quê? Converse com os colegas.

7 **No livro *O meu amigo pintor*, a personagem principal tenta entender seus sentimentos em relação à perda de um amigo querido.**

- De que maneira a escrita em um diário pode ajudar uma pessoa a pensar sobre os acontecimentos da vida que não podemos evitar, como a morte? Converse com os colegas.

8 **Releia as informações sobre a autora Lygia Bojunga na página 82.**

- As informações sobre a obra dela e a leitura do trecho do livro *O meu amigo pintor* despertaram seu interesse em ler outros textos dela?

Caminhos da língua

Pontuação e sentido: aspas, parênteses, reticências

1 Releia um trecho do livro *O meu amigo pintor*.

Olhei, olhei, toca a olhar. E de repente eu entendi direitinho o que ele tinha falado! Me deu uma vontade danada de ir lá em cima dizer:

"Saquei o que você me disse naquele dia! estou entendendo demais esse preto; te juro que me deu um estalo e eu estou entendendo o jeito que esse amarelo pegou".

Só que não deu pra falar com o meu amigo pintor; ele morreu.

Weberson Santiago/ID/BR

a. De qual personagem é a fala entre aspas " "?

____

b. As aspas usadas nesse trecho indicam uma situação diferente de fala. Que situação é essa?

____

____

____

2 **Releia o trecho a seguir, em que o menino está no apartamento do amigo pintor e vê um dos quadros pintados pelo amigo.**

Fui lá. Não aguentei olhar pra ele assim morto: virei a cara pra parede; e dei de cara com um quadro que ele tinha pintado: uma mulher amarela. (Um dia ele me disse que ela estava assim toda amarela porque ela tinha acordado contente, e eu — que ainda não sacava nada de cor — fiquei achando que era birutice de pintor.)

Não deu para ficar lá em cima; voltei correndo pro meu quarto.

a. Assinale a alternativa correta. O trecho que está entre parênteses ( ):

- [ ] revela fatos que dão sequência aos acontecimentos anteriores.
- [ ] revela fatos que aconteceram em um tempo anterior ao que o menino está relatando.

b. Por que a informação entre parênteses é importante para explicar o fato de o menino não conseguir permanecer no apartamento do amigo pintor?

3 **No trecho a seguir, o menino se dá conta de que o relógio do apartamento do amigo pintor deixou de bater.**

> Hoje ficou tudo branco: o relógio não bateu mais.
> Que vontade! que vontade de ir lá dar corda nele.
> A porta está trancada.
> — Quem é que ficou com a chave?
> — A tal Clarice.
> — Mas a corda do relógio acabou.
> — Ela levou a chave.
> — Mas o relógio**...**
> — Ela diz que volta aqui.

a. Quais personagens estão dialogando?

b. Esse diálogo indica uma situação apresentada nessa história ou faz parte de um diálogo que a personagem gostaria de ter? Que sinal no texto confirma sua resposta?

c. O que as reticências **...** na fala sugerem no trecho acima?

☐ Elas sugerem uma interrupção na fala e um lamento.

☐ Elas sugerem uma interrupção na fala e o choro do menino.

No trecho do livro *O meu amigo pintor*, os sentimentos da personagem principal também são revelados por meio dos recursos de pontuação, como o uso das **aspas**, dos **parênteses** e das **reticências**. O uso desses sinais de pontuação enriquece a linguagem e dá sentido ao que se pretende transmitir ao leitor.

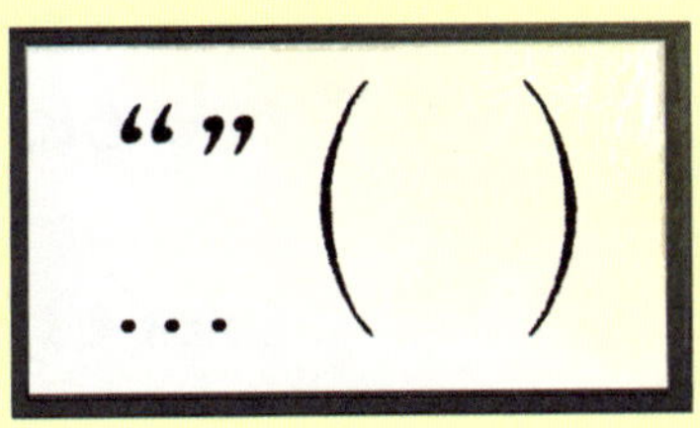

Giz de Cera /Sidney Meireles/ID/BR

Navegar na leitura

O trecho a seguir faz parte de um texto publicado no *site* Plenarinho. Ele conta uma história fictícia, mas revela uma situação vivida por muitas crianças. Leia o título do texto e converse com os colegas sobre as questões a seguir.

- Que situação será abordada no texto?
- Em sua opinião, por que o texto foi escrito em forma de diário?

Diário de uma trabalhadora infantil

ACESSE O RECURSO DIGITAL

SEXTA

Hoje o dia foi cheio de emoções... Cheguei na escola e a professora me chamou pra ir pra sala da diretora. Minhas pernas começaram a tremer...

SECOM/Câmara dos Deputados

Eu cheguei pequenininha lá, me sentindo a última das criaturas. Mas a diretora foi uma fofa! Ela perguntou o que eu fazia, onde estava minha mãe, com quem eu morava... Tive que contar, eu estava confiando naquela cara preocupada dela.

Mas aí ela me disse que tava tudo errado, que eu não podia trabalhar, nem que fosse na casa da madrinha, nem que fosse em sinal de gratidão. Disse que ia procurar minha mãe, conversar com ela e explicar isso tudinho. Ela também falou com a madrinha e procurou um tal de conselho tutelar. Fiquei com vergonha, fiquei com medo da madrinha, fiquei com medo que acontecesse algo com a minha mãe.

Aconteceu tanta coisa nesse dia que nem sei explicar direito. Só sei que agora estou deitada com minha mãe numa casa legal, eles nos trouxeram pra cá de tarde, depois de buscar minhas coisas na madrinha. A moça do governo veio dizer que vão encaminhar minha mãe prum tal de programa contra o trabalho infantil, o nome é engraçado, chama Peti. E eu que nem sabia que aquilo que eu fazia todo dia era trabalho infantil e era ilegal. Só sei que as tarefas me deixavam cansada e não me deixavam estudar... Será que eu vou conseguir dormir???

Conselho Tutelar: órgão responsável pelos direitos das crianças e dos adolescentes em cada município.

Revista *Diário de uma trabalhadora infantil*. Disponível em: <https://plenarinho.leg.br/index.php/2017/05/27/diario-de-uma-trabalhadora-infantil/>. Acesso em: 4 jan. 2018.

Ler para compreender

1 **No diário pessoal, a menina conta a situação em que vivia.**

a. Que situação era essa?

b. De que maneira a menina conseguiu sair da situação em que estava?

2 **Releia como a menina se sentiu antes de ir para a sala da diretora.**

> Eu cheguei pequenininha lá, me sentindo a última das criaturas.

SECOM/Câmara dos Deputados

a. Em sua opinião, por que a menina se sentiu "pequenininha"?

b. O que a menina achou da conversa com a diretora? Copie um trecho que comprove sua resposta.

c. O que a diretora explicou à menina sobre a situação que ela estava vivendo na casa da madrinha?

3 **Quando a diretora conversou com a menina e explicou o que iria acontecer, a menina conta como se sentiu.**

a. Copie o trecho em que ela revela como se sentiu.

b. Que expressão se repete quando a menina explica o que sentiu? O que essa repetição sugere?

c. Mesmo com os sentimentos que a menina teve, compensou conversar com a diretora? Por quê?

d. O que você pensa sobre o modo como a menina era tratada? Converse com os colegas.

e. Em sua opinião, como um adulto deve agir ao perceber que uma criança sofre algum tipo de violência por parte de outro adulto? Converse com os colegas.

Saber Ser

4 **Observe novamente a imagem do balão de fala da diretora.**

a. Qual é a relação entre os desenhos presentes no balão e os trabalhos que a menina realizava? Quem normalmente realiza essas tarefas são crianças ou adultos?

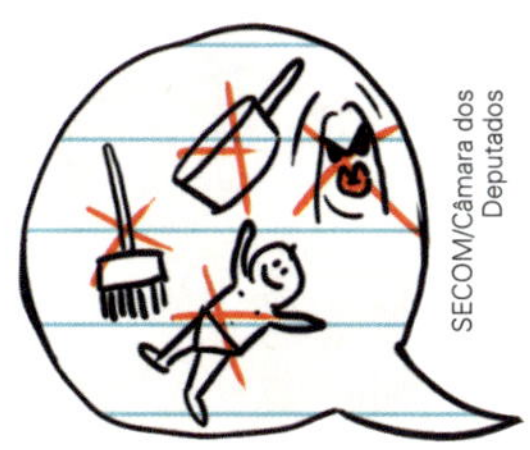

SECOM/Câmara dos Deputados

b. No texto, o que indicam as palavras com um **X** vermelho sobre elas?

c. Outra palavra do texto foi marcada com um símbolo na mesma cor. Qual palavra é essa e com qual símbolo ela está marcada?

d. Na sua opinião, por que essa palavra foi marcada com esse símbolo?

5 **Releia este trecho do diário.**

Aconteceu tanta coisa nesse dia que nem sei explicar direito. Só sei que agora estou deitada com a minha mãe em uma casa legal.

SECOM/Câmara dos Deputados

- Por que a menina afirma que não sabe explicar direito tudo o que aconteceu com ela naquele dia?

Plenarinho
Disponível em: <https://plenarinho.leg.br/>. Acesso em: 6 set. 2017.
Site da Câmara dos Deputados, o Plenarinho trata de assuntos ligados à cidadania de crianças e jovens. Nele também são abordados temas como trabalho, saúde, meio ambiente, educação e lazer. Há materiais como a revista *Plenarinho* e o Estatuto da Criança e do Adolescente (ECA) em quadrinhos. Disponível também em Libras.

Caminhos da língua

ACESSE O RECURSO DIGITAL

Polissemia

1 A página a seguir faz parte de um livro chamado *Diário da Julieta*, de uma personagem criada pelo cartunista Ziraldo. Leia o que ela escreveu em seu diário no último dia do ano. Em seguida, responda às questões.

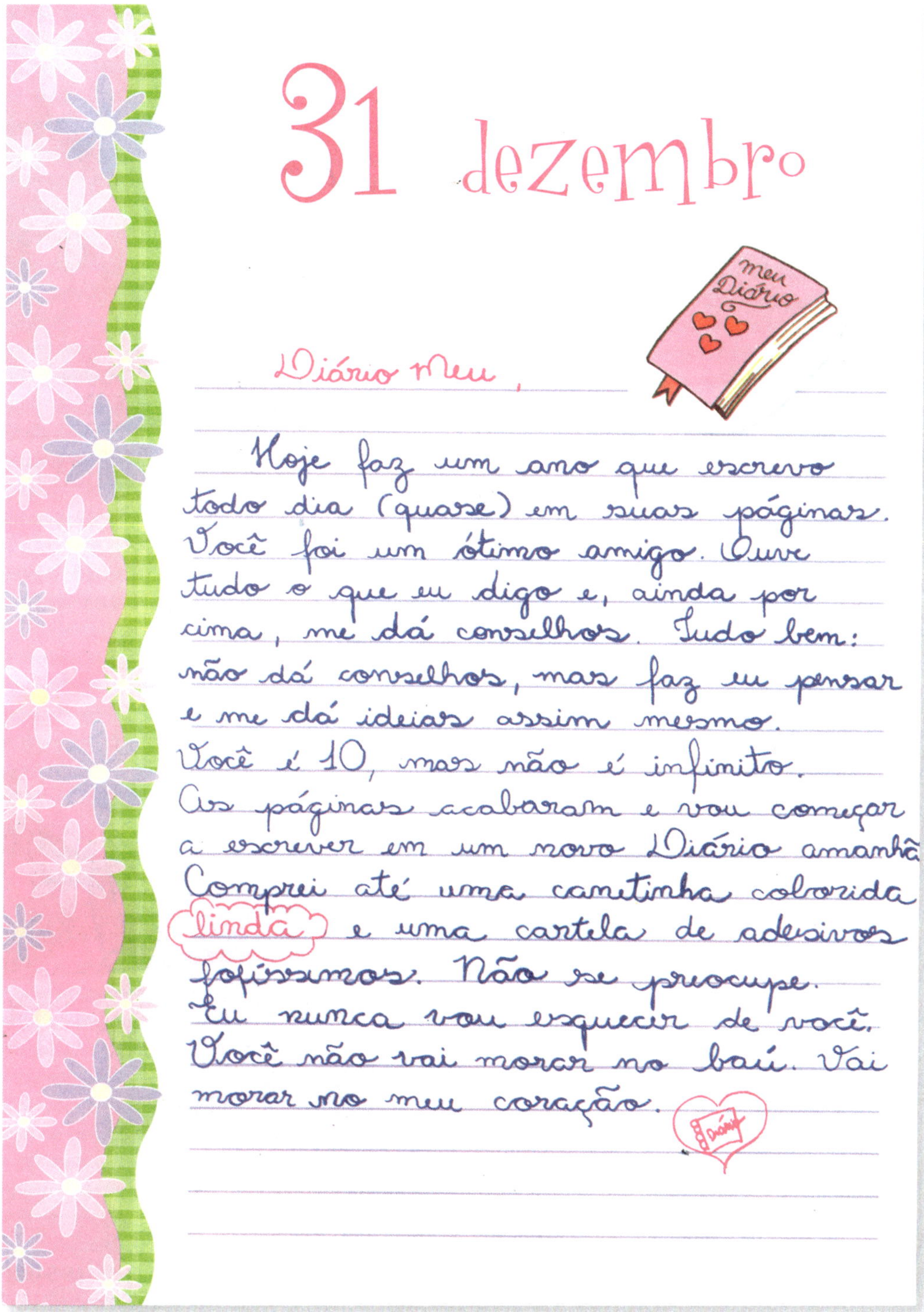

31 dezembro

meu Diário

Diário Meu,

Hoje faz um ano que escrevo todo dia (quase) em suas páginas. Você foi um ótimo amigo. Ouve tudo o que eu digo e, ainda por cima, me dá conselhos. Tudo bem: não dá conselhos, mas faz eu pensar e me dá ideias assim mesmo. Você é 10, mas não é infinito. As páginas acabaram e vou começar a escrever em um novo Diário amanhã. Comprei até uma canetinha colorida linda e uma cartela de adesivos fofíssimos. Não se preocupe. Eu nunca vou esquecer de você. Você não vai morar no baú. Vai morar no meu coração.

Ziraldo/Acervo do artista

Ziraldo. *Diário da Julieta*: as histórias mais secretas da Menina Maluquinha. São Paulo: Globo, 2013.

a. Qual expressão Julieta usa para se dirigir ao diário?

____

b. Há quanto tempo Julieta escreve nesse diário?

____

c. Nesse tempo, ela escreveu no diário todos os dias? Justifique sua resposta.

____

____

2 **Releia este trecho do diário.**

Você foi um ótimo amigo. Ouve tudo o que eu digo e, ainda por cima, me **dá** conselhos. Tudo bem: não dá conselhos, mas faz eu pensar e me **dá** ideias assim mesmo.

Giz de Cera /Sidney Meireles/ID/BR

a. A expressão "dá conselhos" foi usada por Julieta para dizer que o diário opina sobre alguns assuntos. Mas a menina se corrige depois. Por que ela faz isso?

____

b. A menina afirma que o diário "dá ideias". Essa expressão indica:

- ☐ que o diário a inspira a ter novas ideias.
- ☐ que o diário confunde as ideias dela.

3 **Leia o trecho a seguir e explique a diferença de sentido que o verbo morar tem em cada expressão destacada.**

Não se preocupe. Eu nunca vou esquecer de você. Você não vai **morar no baú**. Vai **morar no meu coração**.

Giz de Cera / Sidney Meireles/ID/BR

____

____

O sentido de uma palavra pode variar dependendo do contexto comunicativo em que ela é usada. Os vários sentidos que uma palavra ou expressão pode ter de acordo com o contexto recebem o nome de **polissemia**. Ela permite que a mesma palavra seja usada em várias situações.

Jogos e brincadeiras

Polissemia

Como vimos, uma mesma palavra pode ter muitos significados. Na brincadeira a seguir, você deve ligar as frases da primeira coluna aos verbos que têm sentido semelhante ao do verbo **dar**.

Giz de Cera/Sidney Meireles/ID/BR

Todos os itens escolhidos **dão** cem reais.	vender
Dei um livro a meu pai.	conceder
Dê-me dez pãezinhos, por favor.	custar
O professor **deu** uma hora para fazermos a prova.	noticiar
Deu na televisão que vai fazer sol no fim de semana.	presentear

Olá, oralidade

ACESSE O RECURSO DIGITAL

Marcas de oralidade no *blog*

Você sabe o que é um *blog*? É uma página da internet que se parece com um diário. Nos *blogs*, uma pessoa ou um grupo de pessoas escreve sobre assuntos de interesse pessoal. Em geral, o acesso à página é livre e os leitores podem deixar comentários.

A seguir, observe uma página do *blog* da Julieta, que está reproduzido em um livro que conta as férias dessa personagem. Trata-se da reprodução de um *blog* ficcional, mas com elementos de um *blog* real.

Ziraldo/Acervo do artista

Ziraldo. *Diário da Julieta 3*: o *blog* de férias da Menina Maluquinha. São Paulo: Globo, 2012.

***Bullying*:** termo usado para se referir a toda forma de violência, física ou psicológica, feita de modo intencional, causando dor ou angústia à outra pessoa.

1 Nesse *blog*, que elemento relacionado ao tempo é encontrado também em um diário?

2 Quem escreveu o título "Piquenique combina com férias!"?

3 Releia o que Bigboca escreveu.

> Vampará com esse *bullying* aí.

a. O que quer dizer a expressão "vampará"?

Ziraldo/Acervo do artista

b. Por que Bigboca escreveu dessa maneira?

4 O que a expressão "*KKKK*" no comentário de Carolnatura indica? De que outra forma ela poderia escrever a mesma mensagem?

Ziraldo/Acervo do artista

5 Em que palavra Julieta repete uma vogal? Por quê?

Ziraldo/Acervo do artista

6 Na página do *blog*, as personagens usaram palavras e expressões como "superlegal", "papo furado" e "Muito engraçadinhas, meninas".

a. Essas expressões indicam que a linguagem utilizada é formal ou informal?

b. O que essas expressões indicam em relação ao grau de intimidade entre as pessoas que estão escrevendo?

c. A maneira como elas se expressam é apropriada para um *blog*? Explique.

d. Se Julieta escrevesse usando a mesma linguagem que se usa para apresentar um trabalho em sala de aula, ela estabeleceria a mesma relação com os leitores? Converse com os colegas.

Dando asas à produção

Diário pessoal

Neste capítulo, você leu textos que foram escritos em forma de diário pessoal. Nele, as pessoas escrevem sobre fatos que acontecem no dia a dia, sobre seus sentimentos, descobertas, etc. Você viu também o *blog*, que é publicado na internet. Apesar de ser pessoal, o *blog* é escrito para que outras pessoas possam ler. Assim, o diário é íntimo, para leitura pessoal, mas o *blog* é público.

O que vou produzir

Você vai produzir um texto em forma de diário. Escreva sobre um dia em que aconteceu algo importante e divertido com você. Lembre-se de escrever algo que, para você, valha a pena ficar registrado e ser relembrado outras vezes.

No fim da produção, os textos serão lidos para os colegas da sala. Caso a turma ou a escola tenha um *blog*, veja com o professor se é possível publicar os textos nele.

Giz de Cera /Sidney Meireles/ID/BR

Orientações para a produção

1. Pense sobre qual dia você vai escrever e relembre o que aconteceu nesse dia: fatos, como eles aconteceram, pessoas que estavam com você e detalhes que deixarão seu texto mais interessante.
2. Coloque, no início do texto, o dia sobre o qual você vai escrever. Se você não se lembrar do dia exato, escreva o dia da semana, ou o mês e o ano.
3. Por ser um texto pessoal, o diário é escrito na primeira pessoa: eu.
4. Você pode escolher um jeito próprio de se dirigir ao diário: meu diário, meu amigo diário, querido amigo, etc.
5. Lembre-se de que a linguagem usada no diário é informal e divertida, como se o autor estivesse conversando com um amigo. Se necessário, leia novamente os textos dos diários deste capítulo para recordar como é a linguagem empregada em um diário.
6. Assine o texto com seu nome ou apelido para que os colegas saibam quem o escreveu.
7. É importante lembrar que, apesar de o texto ser em forma de diário pessoal, não é preciso expor fatos e assuntos muito pessoais, pois nessa atividade o texto será compartilhado com os colegas.

Avaliação e reescrita

Depois de escrever o texto, releia-o e veja se os itens do quadro a seguir foram contemplados. Pinte **sim** ou **não** para o que foi feito.

1. Você escreveu a data dos acontecimentos?	Sim	Não
2. O texto está escrito em primeira pessoa?	Sim	Não
3. A linguagem do texto está adequada para um diário?	Sim	Não
4. Você considera que o fato que escolheu para relatar merece ser relembrado?	Sim	Não

Depois de responder aos itens do quadro, corrija o que achar necessário e passe o texto a limpo em uma folha avulsa.

Se preferir, faça desenhos para ilustrar o texto e deixar a página mais divertida.

Circulação do texto

Em um dia previamente combinado com o professor e os colegas, façam uma roda de leitura para compartilhar os textos que produziram. No final da leitura, vocês podem montar um mural onde ficarão fixados os textos para serem lidos quando alguém quiser recordar alguma história.

Se a turma ou a escola tiver uma página na internet, como um *blog*, vocês podem combinar com o professor de postar seus textos nessa página.

Giz de Cera /Sidney Meireles/ID/BR

Vamos ler imagens!

Pintura de brincadeiras

Neste capítulo, você leu textos em que as crianças contam sobre seu dia a dia. Observe a imagem a seguir, produzida por um pintor brasileiro.

Coleção particular. Reprodução autorizada por João Candido Portinari

Candido Portinari. *Meninos brincando*, 1955. Óleo sobre tela.

1 Observe as pessoas representadas na cena. Elas são conhecidas ou desconhecidas? Jovens ou velhas?

---

2 A cena apresentada se passa em um ambiente urbano ou em um ambiente rural? Explique.

---

3 Do que as pessoas parecem estar brincando na pintura?

____

____

- Você já brincou dessas brincadeiras? Caso tenha brincado, conte como foi.

4 Que animal aparece na cena retratada?

____

5 Que cores foram utilizadas na maior parte da cena?

☐ Cores quentes (vermelho, laranja, amarelo).

☐ Cores frias (azul, verde, violeta).

6 Você diria que a cena se passa em um dia de calor ou de frio? Por quê?

____

____

7 Observe as linhas existentes no quadro. Em sua opinião, que impressão essas linhas passam?

8 Você concorda com a afirmação de que brincar é uma das coisas mais importantes da infância? Por quê?

Saber Ser

Giz de Cera /Sidney Meireles/ID/BR

9 Forme dupla com um colega. Vocês vão escrever um texto como se uma das pessoas do quadro estivesse contando em um diário como foi o dia representado na pintura. Deem um nome para cada pessoa representada e para o animal que as acompanha. Tentem imaginar onde elas moram, se são amigas ou familiares, o que fizeram antes e depois dessa cena, etc. Usem a imaginação!

Aprender sempre

ACESSE O RECURSO DIGITAL

1 Leia o texto a seguir.

http://odia.ig.com.br/diversao/2015-04-18/livro-o-diario-de-um-garoto-que-nao-e-nem-um-pouco-banana.html

Livro: O diário de um garoto que não é nem um pouco banana

Pra ficar com ela **fala de uma criança que descobre o amor**

Globo Livros/Arquivo da editora

Rio — Lançando o livro infantojuvenil *Pra Ficar Com Ela* (Globo Livros) [...], o casal de jornalistas e escritores José Godoy e Mariza Tavares traz de volta — em tempos de redes sociais e *blogs* — o hábito de escrever diários, comum entre as meninas dos anos 80 e 90. Só que o personagem é um garoto, Miguel, 11 anos, que se apaixona por uma amiga de infância, Camila.

"Miguel descobre que Camila e suas amigas estão escrevendo diários para ninguém fuçar o que elas escrevem [nas redes sociais]. Diário é uma coisa mais feminina, mas ele começa a escrever um como forma de se aproximar dela", conta Mariza. "E acaba sendo uma viagem de autoconhecimento, porque ele começa a falar de tudo lá: do relacionamento com os pais, da morte do avô, das brigas com o irmão." [...]

Ricardo Schott. Disponível em: <http://odia.ig.com.br/diversao/2015-04-18/livro-o-diario-de-um-garoto-que-nao-e-nem-um-pouco-banana.html>. Acesso em: 19 set. 2017.

a. O que a autora quis dizer quando afirma que diário é coisa mais feminina?

b. Por que Miguel começa a escrever um diário no livro *Pra ficar com ela*?

c. O que Miguel descobre a respeito do hábito de escrever no diário?

d. Em sua opinião, o hábito de escrever em diário é "mais feminino"? Converse com os colegas.

Saber Ser

2 Em qual frase abaixo a palavra **viagem** tem o mesmo sentido que em: "E acaba sendo uma viagem de autoconhecimento"?

- [ ] E acaba sendo uma tentativa de autoconhecimento.
- [ ] E acaba sendo uma experiência de autoconhecimento.

■ Escreva uma frase em que a palavra **viagem** tenha sentido diferente do sentido usado no trecho citado acima.

____

3 Leia o miniconto a seguir, publicado no Twitter. O Twitter é uma rede social, uma espécie de pequeno *blog*, em que um usuário escreve um texto sobre qualquer tema, conhecido como *tweet*, de até 280 caracteres, e esse texto é enviado aos seus seguidores, ou seja, a usuários que se inscreveram para receber esses textos.

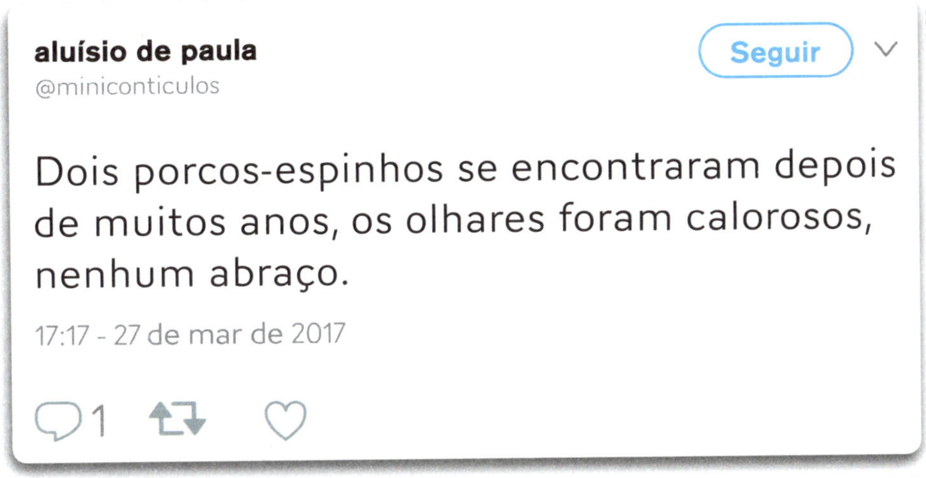
aluísio de paula
@miniconticulos

Seguir

Dois porcos-espinhos se encontraram depois de muitos anos, os olhares foram calorosos, nenhum abraço.

17:17 - 27 de mar de 2017

1

ID/BR

Disponível em: <https://twitter.com/miniconticulos>. Acesso em: 26 jun. 2018.

a. Quem escreveu esse miniconto? Quando ele foi postado?

____

b. No miniconto, o que significa dizer que os olhares dos dois porcos-espinhos foram calorosos?

____

c. Apesar dos olhares calorosos, por que os porcos-espinhos não se abraçaram?

d. Após o miniconto aparecem três símbolos. Relacione os símbolos a seus significados.

- **A** 1
- **B**
- **C**

- ☐ Curtir
- ☐ Responder
- ☐ Retweetar (repassar um *tweet* para outras pessoas)

e. Se uma pessoa quisesse receber as postagens do autor desse miniconto, que recurso mostrado no *tweet* a ajudaria a se inscrever para ser uma seguidora?

____

Sugestões de leitura

Saraiva/Arquivo da editora

***O blog da Marina*, de Júlio Emílio Braz e Janaina Vieira. Editora Saraiva.**

O livro trata da história de Marina, uma jovem blogueira que compartilha toda sua rotina com seus amigos e fiéis leitores e que acaba de encontrar o amor de sua vida, o Alexandre. Completamente apaixonada, Marina começa a mudar totalmente seus hábitos. Uma garota estudiosa e bondosa que passa a ser irreconhecível aos olhos de sua mãe, gerando muita confusão e diversão para todo mundo.

***Férias na Antártica*, de Laura Klink, Tamara Klink e Marininha Klink. Editora Grão.**

Nesse livro, vamos acompanhar a história das irmãs Laura, Tamara e Marininha, que passaram as férias com seus pais Amyr e Marina Bandeira Klink, na fria Antártica. Será possível conhecer algumas das divertidas lembranças que as garotas guardam das expedições, dos animais que conheceram pelo caminho, além de seu desejo de salvar nosso planeta.

Grão/Arquivo da editora

Ziraldo/Acervo do artista

***O diário da Julieta 3: o* blog *de férias da Menina Maluquinha*, de Ziraldo. Editora Globinho.**

Julieta, a Menina Maluquinha, entrou de férias! Mas não pense que ela ficará sem fazer algo divertido. Esse livro em quadrinhos mostra que a jovem Julieta criou um *blog* todo especial para manter contato com os amigos e mostrar todas as aventuras que tem vivenciado em sua viagem, desde a ida ao cinema até o congestionamento que tirou algumas horinhas de sua diversão.

***O diário de vovô*, de Richard Ocaña Zangari. Editora Scortecci.**

Ricardo encontra o diário de seu avô e fica encantado ao conhecer toda a infância e as aventuras vividas por Joaquim, o Zuca, com seu melhor amigo, Zeza.

Scortecci/Arquivo da editora

CAPÍTULO 4

Consumir o quê... E para quê?

O texto a seguir foi publicado em uma obra produzida por crianças do mundo todo. O livro *Missão Terra: o resgate do planeta* traz textos que tratam da importância dos cuidados que devemos ter com o meio ambiente e é um compromisso coletivo assumido em relação às questões ambientais do planeta.

ACESSE O RECURSO DIGITAL

Melhoramentos/Arquivo da editora

[...] A chave do estilo de vida ocidental é clara: CONSUMIR! Consumir para ser popular, consumir para ter mais que o vizinho, consumir para esquecer os problemas, consumir para ser feliz. Lamentavelmente, nosso planeta não está preparado para suportar esse tipo de comportamento. Nossa inocente saída às compras aos sábados é um dos principais motivos dos problemas de que estamos falando neste livro – aquecimento global, chuva ácida, lixo... Não adianta muito aliviarmos nossa consciência reciclando ou comprando uma caixa de sabão em pó biodegradável. Precisamos parar de adquirir todas essas coisas de que não precisamos. Mas isso não é fácil para as crianças de hoje. Elas são atacadas de todas as direções por um exército de monstros de plástico, brinquedos fofos e jogos eletrônicos, vinte e quatro horas por dia [...].

Children's Task Force on Agenda 21 (Organização). *Missão Terra*: o resgate do planeta – Agenda 21, feita por crianças e jovens. São Paulo: Melhoramentos, 2008.

- O que você pensa sobre a ideia de consumir para ser popular ou para estar na moda?
- Você sabe como o consumo excessivo pode causar danos ao meio ambiente? Explique.
- Em sua opinião, que produtos consumidos por crianças podem ser considerados supérfluos, ou seja, desnecessários?

Navegar na leitura

O gênero textual que será estudado está muito presente em nosso cotidiano: nos painéis nas ruas, na televisão, nas revistas, na internet, em praticamente todos os meios de comunicação. Trata-se do anúncio publicitário, gênero textual usado para convencer pessoas a adquirir um produto ou, até mesmo, a promover uma ideia.

Observe o anúncio abaixo e converse com os colegas.

- Que sensações a combinação de cores da imagem pode despertar?
- A quem o produto anunciado se direciona? Que elementos apontam qual é esse público-alvo?

BE/ON: DCL/ID/BR

Revista *Vila Cultural*, São Paulo, DCL, ano 11, ed. 120, abr. 2014.

Ler para compreender

1 **Observe o anúncio publicitário e responda às questões.**

a. Que objetos você vê na imagem?

____

____

____

b. Descreva como é o fundo da imagem.

____

____

____

c. Você conhece as personagens mostradas na imagem? Caso conheça, quem são essas personagens? De onde você as conhece?

____

____

____

____

2 **Releia estes trechos. Em seguida, responda às questões.**

Trecho 1

Lindas latas colecionáveis, cheias de surpresas: livro de história, cadernos para colorir e fazer atividades divertidas, peças destacáveis, cartas e canetas hidrográficas e muito mais!

Trecho 2

Escolha um presente que vale por muitos!

É DIVERSÃO EM TODO LUGAR!

BE/ON; DCL/ID/BR

a. Qual desses trechos apresenta a descrição do produto anunciado?

____

b. Por que o produto é um presente que vale por muitos?

c. Explique a relação entre a frase abaixo e as latas colecionáveis.

É DIVERSÃO EM TODO LUGAR!

BE/ON; DCL/ID/BR

d. Para chamar a atenção do leitor, duas palavras são usadas: uma para atribuir beleza ao produto anunciado e, outra, para indicar grande quantidade. Copie o trecho em que essas palavras aparecem e circule-as.

e. Qual é o sinal de pontuação mais usado no anúncio? Que efeito o uso desse sinal causa na mensagem?

3 **O anúncio publicitário é composto de vários elementos, mas sempre há uma frase ou expressão que chama mais atenção: o *slogan*.**

a. Identifique e copie o *slogan* desse anúncio.

b. Existe uma brincadeira que tem o mesmo nome desse *slogan*. Pesquise como é essa brincadeira e escreva sobre ela.

c. Explique a relação entre esse *slogan* e o produto anunciado.

4 Com que objetivo o anúncio publicitário utilizou as cores, as personagens e o *slogan*?

BE/ON; DCL/ID/BR

5 Você já sentiu muita vontade de ter ou comprar um produto porque foi atraído pelo anúncio? Converse com os colegas e o professor.

Saber Ser

6 Você já conheceu algum produto em um anúncio publicitário e, ao vê-lo pessoalmente, teve a impressão de que ele não era exatamente igual ao que foi anunciado? Caso tenha passado por isso, como você se sentiu?

7 Em sua opinião, é comum as pessoas escolherem produtos com base nas imagens que aparecem em anúncios publicitários? Você considera essa uma atitude adequada? Explique sua opinião aos colegas e ao professor.

Caminhos da língua

Palavras derivadas por adição de prefixo e de sufixo

1 Releia um trecho do texto e preste atenção nas palavras circuladas.

> Lindas latas colecionáveis, cheias de surpresas: livro de história, cadernos para colorir e fazer atividades divertidas, peças destacáveis, cartas e canetas hidrográficas e muito mais!

BE/ON; DCL/ID/BR

a. Que nome é dado à parte destacada em amarelo nas palavras?

☐ Prefixo. ☐ Sufixo.

b. Observe o exemplo abaixo e complete as frases a seguir.

Um objeto **lavável** é um objeto que se pode **lavar**.

- Latas colecionáveis são latas que se podem ______________________.
- Peças destacáveis são peças que se podem ______________________.

2 Observe a formação da palavra **hidrográfica**.

hidrográfica

hidro → água

gráfica → que se refere à ação de escrever

Alice Menezes/Shutterstock.com/ID/BR

a. Na composição da palavra **hidrográfica**, **hidro-** é um:

☐ prefixo. ☐ sufixo.

b. As canetas hidrográficas são canetas que contêm tinta à base de água. Como é o nome da caneta que tem a ponta formada por uma esfera?

SNEHIT/Shutterstock.com/ID/BR

Há vários meios para formar palavras na língua portuguesa. Nesta seção, conhecemos dois processos:

1. Acréscimo de um **prefixo** ao início de uma palavra.

hidrográfica
↓
prefixo

2. Acréscimo de um **sufixo** ao final de uma palavra.

desta**cável**
↓
sufixo

3 **Observe esta palavra e responda às perguntas.**

enlatado

a. A qual palavra foram acrescentados um prefixo e um sufixo? Classifique-a.

b. Contorne de **amarelo** o prefixo e de **vermelho** o sufixo da palavra no quadro.

c. Na expressão "peixe enlatado", a palavra enlatado é um:

☐ substantivo. ☐ adjetivo.

d. Qual verbo derivado significa "colocar em lata"? Qual é a palavra primitiva que deu origem a esse verbo?

A palavra que serve como base para que outras palavras sejam formadas é chamada **primitiva**. A palavra formada com base na palavra primitiva é chamada **derivada**. Exemplos:

palavra primitiva	palavras derivadas
sombra	sombrinha, sombrear, assombrado
feliz	infeliz, felicidade, infelizmente

4 Observe as palavras primitivas da primeira coluna. Utilize prefixos e sufixos para escrever palavras derivadas delas, seguindo as indicações da segunda coluna.

caixa	1. Que foi colocado em caixa.	______
	2. Profissional que trabalha colocando objetos em caixas.	______
	3. Ação de colocar em caixa.	______
capa	4. Que foi envolvido com capa.	______
	5. Ação de envolver com capa.	______
capuz	6. Ação de cobrir-se com capuz.	______
	7. Coberto com capuz.	______

a. Escreva o antônimo das palavras formadas nos itens **3** e **5** do quadro.

______

b. Escreva o significado das palavras da resposta anterior.

______

c. Que prefixo você usou para formar essas palavras?

______

5 Leia o texto da escritora e ilustradora Katia Canton. Complete as palavras com o prefixo que acrescenta o sentido de repetição.

O mais legal da letra **R** maiúscula é que ela está presente em uma grande tendência do mundo: a sílaba ______. ______UTILIZAR, ______CICLAR, ______CRIAR, ______PENSAR...

Quero dizer, em vez de começar as coisas do zero, o ______ fala de ______começar, isto é, de aproveitar o que já existe.

Bruna Ishihara/ID/BR

______utilizar é transformar coisas que já foram usadas e que seriam jogadas fora em coisas novas. Por exemplo: você pode transformar uma garrafa plástica vazia em um vasinho para flores.

______ciclar é transformar materiais usados em materiais novos que podem ser utilizados novamente para as mesmas coisas (ou para outras!). Por exemplo: o papel reciclado é feito com papel usado, picado, misturado com água e cola, que vira uma pasta e se transforma em papel novo.

Katia Canton. *Fabriqueta abecedário*: poemas e atividades. São Paulo: Companhia das Letrinhas, 2017. p. 42.

a. Quantas palavras diferentes foram formadas com o prefixo usado? Transcreva-as.

____

____

b. Dos verbos indicados no item anterior, quais estão relacionados ao tema da preservação ambiental? Explique.

____

____

____

c. Use sufixos para transformar as palavras destacadas em verde em substantivos.

____

d. Utilize o prefixo **re-** com os verbos do quadro abaixo para formar outras palavras. Escreva os significados das palavras formadas. Se necessário, consulte um dicionário.

fazer	abrir	habilitar	nomear

____

____

____

____

____

Caminhos da língua

Sons do x; palavras com x e ch

1 Releia este trecho do texto que aparece na abertura do capítulo.

> Nossa inocente saída às compras aos sábados é um dos principais motivos dos problemas de que estamos falando neste livro – aquecimento global, **chuva** ácida, lixo...

Bruna Ishihara/ID/BR

- Em qual palavra desse trecho aparece uma letra que representa o mesmo som que o **ch** representa na palavra **chuva**? Circule-a.

2 Distribua as palavras do quadro nas colunas de acordo com a descrição do som representado pela letra **x**.

caixa	exato	prefixo	próximo
exercício	axila	máximo	peixe

Coluna 1	Coluna 2	Coluna 3	Coluna 4
Palavras em que o **x** tem o mesmo som apresentado na palavra **táxi**	Palavras em que o **x** tem o mesmo som apresentado na palavra **lixo**	Palavras em que o **x** tem o mesmo som apresentado na palavra **exemplo**	Palavras em que o **x** tem o mesmo som apresentado na palavra **auxílio**
______ ______	______ ______	______ ______	______ ______

- Assim, podemos concluir que a letra **x**:
  - ☐ representa sempre um mesmo som.
  - ☐ representa sons diferentes.

3 Leia a afirmação do quadro a seguir.

> No Brasil, não há uma pronúncia única para o som representado pela letra **x** em palavras como **expressão**, **texto**, **experiência**. Essa pronúncia ocorre de modo diferente dependendo da região do país e do sotaque do falante.

- Agora, leia em voz alta as palavras destacadas. Converse com os colegas e o professor: Como vocês pronunciam o som do **x** nessas palavras? Alguém tem um sotaque ou uma pronúncia diferente?

4 **Não é possível saber quando usar x ou ch em todos os casos em que essas letras representam o mesmo som. Porém, em dois casos, uma regra pode ser aplicada. Leia as palavras de cada grupo no quadro a seguir.**

Ekaterina V. Borisova/Shutterstock.com/ID/BR

	**peixe**	**enxame**	
	______	______	
	______	______	

Oxana Gracheva/Shutterstock.com/ID/BR

a. Reescreva a palavra **peixe** na linha abaixo e pinte o ditongo que aparece imediatamente antes da letra **x**.

____

b. Agora, reescreva, na linha abaixo, a palavra **enxame** e sublinhe a dupla de letras que aparece imediatamente antes da letra **x**.

____

c. Leia em voz alta as palavras abaixo. Escreva cada uma delas no quadro acima nos grupos em que a regra para o uso da letra **x** seja a mesma.

faixa   enxaqueca   deixou   enxugar

d. Leia as palavras do quadro abaixo. Que verbo deu origem a essas palavras? Escreva esse verbo na terceira coluna do quadro.

enchimento	enchente	______

Emprega-se a letra **x** para representar o mesmo som que o dígrafo **ch** nos seguintes casos:

1. Depois de ditongo: **ei**xo, **cai**xa.

2. Depois de **en-**: **en**xame, **en**xaguar.

Se a palavra for derivada de uma palavra com **ch**, usa-se esse dígrafo para escrevê-la. Por exemplo: **encharcar** se escreve com **ch** porque é uma palavra derivada da palavra **charco**.

Jogos e brincadeiras

Bingo da seleção de palavras

Vamos brincar de bingo com palavras que tenham **x** ou **ch**. Para isso, vamos produzir as cartelas e as palavras que serão sorteadas. Divirtam-se!

Número de participantes: a turma toda.

Material:

- cartela 1: palavras com **x**
- cartela 2: palavras com **ch**
- papéis com as palavras para sorteio
- saco ou caixa para colocar as palavras que serão sorteadas

Objetivo: ser o primeiro a preencher uma cartela, de acordo com o sorteio.

Confecção das cartelas

Palavras com x		
roxa	puxa	boxe
lixa	ameixa	xale

Palavras com ch		
salsicha	cacho	cheiro
boliche	recheio	chá

Bruna Ishihara/ID/BR

1. Pegue uma folha em branco sem linhas. Com a régua, trace um quadro com 3 colunas e 2 linhas, conforme o modelo ao lado.
2. O professor vai escrever no quadro duas listas: uma de palavras com a letra **x** e outra de palavras com **ch**. Na cartela 1, copie seis palavras com **x** e, na cartela 2, seis com **ch**. Escreva a lápis, pois vocês poderão brincar novamente, copiando outras palavras.
3. Escrevam as palavras das listas nos papéis que serão usados no sorteio. O professor indicará as palavras que cada aluno vai escrever.
4. Dobrem igualmente os pedaços de papel. Depois, coloquem todos os papéis em um saco ou em uma caixa para misturá-los.

Como jogar

1. Posicione as duas cartelas na carteira, pois você vai jogar com as duas ao mesmo tempo.
2. Para iniciar o jogo, o professor vai sortear uma palavra e dizê-la em voz alta. Verifique se essa palavra está em uma de suas cartelas. Se estiver, marque um **X** sobre ela. Se não estiver, não marque nada.
3. Quando todas as palavras das duas cartelas tiverem sido sorteadas, grite "Bingo". Você ganhou o jogo!
4. O bingo pode continuar até que mais alunos completem as cartelas.

Navegar na leitura

Nesta seção, você vai ler dois textos. O texto **1** é um infográfico que foi publicado em um jornal impresso e seus dados foram obtidos em uma pesquisa feita pelo Instituto Alana. O texto **2** traz informações publicadas em um caderno produzido pelo Ministério do Meio Ambiente e também contou com a colaboração do mesmo instituto para obter os dados apresentados.

Texto 1

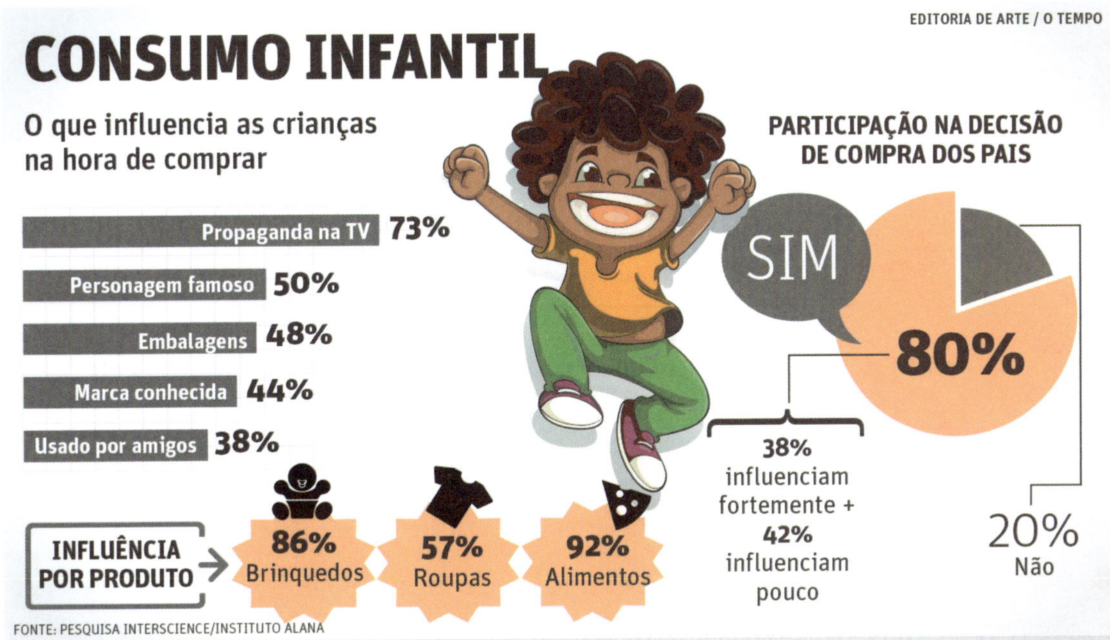

Editoria de Arte/O Tempo

Jornal *O Tempo*.

Texto 2

http://criancaeconsumo.org.br/wp-content/uploads/2014/05/Consumismo-Infantil.pdf

As crianças brasileiras estão entre as que mais assistem à televisão no mundo, com uma média impressionante de mais de cinco horas por dia [...]. Além do consumo de energia e do aumento do sedentarismo infantil, essa exposição excessiva contribui para o consumismo, já que a televisão é o principal canal de veiculação de campanhas comerciais que falam diretamente com as crianças. [...] Segundo o IBGE, o sobrepeso entre crianças dobrou nos últimos 34 anos e está intimamente relacionado ao consumo de alimentos industrializados, amplamente divulgados pelo mercado produtor e distribuidor. [...] Somente 38,3% das crianças entre 5 e 10 anos consomem frutas, verduras e legumes em sua dieta alimentar, de acordo com o Ministério da Saúde.

Instituto Alana. Consumismo infantil: na contramão da sustentabilidade. Disponível em: <http://criancaeconsumo.org.br/wp-content/uploads/2014/05/Consumismo-Infantil.pdf>. Acesso em: 9 out. 2017.

Ler para compreender

1 O texto **1** apresenta as informações usando alguns elementos específicos. Assinale os elementos que aparecem nesse infográfico.

- [ ] Texto verbal.
- [ ] Informações numéricas.
- [ ] Setas e linhas indicativas.
- [ ] Imagens.
- [ ] Gráficos.
- [ ] Linhas pontilhadas.

2 As informações desse infográfico são sobre qual assunto?

____

3 Copie a frase do infográfico que explica os dados do gráfico de barras.

____

____

- E qual é a frase que explica os dados do gráfico de *pizza*?

____

____

4 Observe os dados do gráfico de *pizza* e responda às questões.

a. O que o gráfico mostra sobre a influência que as crianças exercem na decisão de compra dos pais?

____

____

____

b. A palavra **sim**, dentro do balão de fala, representa a fala de quem? Explique.

____

____

____

c. Qual é a relação entre a ilustração da criança no centro do infográfico e as informações apresentadas?

____

____

____

5 **Releia este trecho do texto 2. Em seguida, responda às questões.**

> As crianças brasileiras estão entre as que mais assistem à televisão no mundo, com uma média impressionante de mais de cinco horas por dia. [...].

Bruna Ishihara/ID/BR

a. Qual informação do infográfico está relacionada a esse trecho do texto?

____

____

b. Segundo o texto, quais são as consequências de ver televisão em excesso?

____

____

c. Você sabe quantas horas por dia você assiste à televisão? Você se sente atraído pelos comerciais que vê durante a programação? Converse com os colegas e o professor.

d. Alguma vez, enquanto via televisão, você percebeu que poderia estar fazendo algo diferente, como brincar, praticar algum esporte ou ler um livro? O que você fez nesse momento? Converse com os colegas e o professor.

Saber Ser

6 **Reveja estes dados do infográfico.**

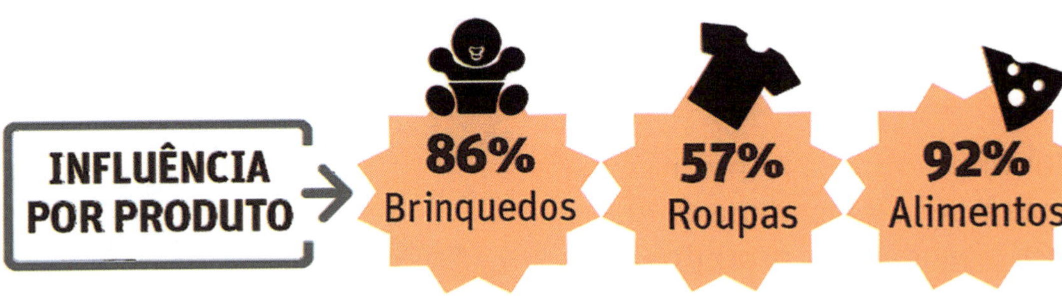

Editoria de Arte/O Tempo

a. Em qual tipo de produto as crianças sofrem mais influência no momento da compra?

____

____

b. Explique a relação entre o tipo de produto que as crianças sofrem mais influência no momento da compra e o fato de o número de crianças com sobrepeso ter dobrado nos últimos 34 anos.

____

____

____

7 **Responda às questões sobre as fontes de informação dos textos 1 e 2.**

a. Os textos **1** e **2** apresentam informações levantadas por qual instituto?

____

b. Qual órgão governamental apresentou os seguintes dados: "Somente 38,3% das crianças entre 5 e 10 anos consomem frutas, verduras e legumes em sua dieta alimentar".

____

c. Que instituto forneceu dados sobre o aumento do número de crianças com sobrepeso nos últimos 34 anos?

____

d. Podemos afirmar que as informações apresentadas no texto são confiáveis? Por quê?

____

____

____

____

8 **Suponha que as informações a seguir façam parte de propagandas de produtos alimentícios.**

Bruna Ishihara/ID/BR

Sabor de fruta fresquinha.

Enriquecido com vitaminas e ferro.

Produto livre de gordura *trans*.

Agora com menos sódio.

Para uma vida mais saudável.

Muito mais energia!

a. Você já viu informações parecidas com essas em propagandas ou embalagens de produtos alimentícios? Caso tenha visto, cite alguns.

____

____

____

____

____

____

b. Muitas propagandas ou embalagens de produtos alimentícios apresentam informações que afirmam ao consumidor que o produto se tornou melhor para a saúde porque houve redução de sódio ou de açúcar, aumento da quantidade de vitaminas e sais minerais, entre outros. Converse com os colegas e o professor: Isso é suficiente para garantir que esses produtos sejam saudáveis para o consumo? Por quê?

9 **Em duplas, vocês vão fazer a análise de uma embalagem de um produto da indústria alimentícia. Selecionem uma embalagem que tenha imagens de personagens ou artistas conhecidos, se possível, e que seja bem atrativa e chame a atenção de crianças. Colem a embalagem em uma folha.**

Depois, vocês vão apresentar a embalagem aos colegas e ao professor. Argumentem sobre as questões a seguir.

a. Quais elementos da embalagem servem para atrair o consumidor?

b. Qual é a relação entre a personagem ou o artista mostrado na embalagem e o produto? Por que essa figura atrai a atenção das crianças?

10 **Quando queremos obter uma informação confiável a respeito de um alimento, a que devemos recorrer? A uma propaganda ou a uma pesquisa? Por quê?**

Dando asas à produção

Anúncio publicitário

Considerando a reflexão proposta nos textos deste capítulo sobre consumo, vamos fazer uma campanha de algo que seja saudável, que não precisa ser comprado e que faça as pessoas felizes.

O que vou produzir

Sua tarefa é criar um anúncio publicitário de algo que não é comercializado e que possa proporcionar alegria e satisfação a alguém. Você e os colegas do grupo vão escolher algo como uma brincadeira, uma contação de histórias, a leitura de um poema, distribuição de abraços, distribuição de correio elegante com frases de amizade, ou seja, coisas que possam transmitir alegria, mas que, às vezes, são esquecidas no dia a dia. Leia as orientações a seguir e use sua criatividade.

Bruna Ishihara/ID/BR

Orientações para a produção

1. Conversem com os colegas e o professor sobre coisas que possam transmitir alegria e que não precisam ser compradas. O professor vai listar no quadro os itens citados durante a conversa.
2. Organizem-se em grupos de quatro ou cinco integrantes para fazer o anúncio. Cada grupo deve escolher um item da lista do quadro.
3. Pensem em como vão divulgar o item selecionado. Lembrem-se de que a ideia principal a ser destacada é que se trata de algo que não precisará ser comprado e trará felicidade às pessoas.

4. Pensem no público-alvo. O anúncio será publicado no pátio da escola, em uma cartolina, para que colegas de outras classes, professores e funcionários possam ler e até usufruir do que está sendo anunciado.

5. Façam um rascunho do anúncio, atentando para o tamanho das letras e das imagens (lembrem-se de que ele será exposto em uma cartolina) e para as características desse gênero textual:
   - Texto curto e objetivo, com linguagem adequada ao público-alvo.
   - *Slogan* que chame a atenção do leitor do anúncio.
   - Cores chamativas, que ressaltem o que está sendo anunciado.
   - Imagens que destaquem positivamente o que está sendo anunciado.

Avaliação e reescrita

Em grupo, avaliem os itens a seguir e lembrem-se de fazer uma revisão ortográfica do texto.

1. Ficou claro que o item anunciado não é comercializado?	Sim	Não
2. Ficou claro que o item anunciado poderá transmitir alegria?	Sim	Não
3. Há elementos que chamam a atenção do leitor, como cores e imagens que ilustram o que está sendo anunciado?	Sim	Não
4. A linguagem está adequada ao público-alvo?	Sim	Não
5. O *slogan* está atraente e chamativo?	Sim	Não

Façam as alterações que julgarem necessárias e, depois, passem o anúncio a limpo em uma cartolina para expô-lo em um painel do pátio da escola.

Circulação do texto

No dia combinado previamente, exponham os anúncios em um painel na escola para que os colegas de outras classes, professores e funcionários possam lê-los. Os integrantes do grupo devem ficar próximos de seu anúncio, para poder atender a quem quiser usufruir do que foi anunciado. Por exemplo, se seu grupo anunciou distribuição de abraços, todos do grupo devem estar preparados para dar um abraço na pessoa que se interessar.

Bruna Ishihara/ID/BR

Olá, oralidade!

ACESSE O RECURSO DIGITAL

Vlog

Você já deve ter assistido a vídeos na internet em que pessoas expõem uma opinião, uma crítica, dão sugestões de eventos culturais, entre outros assuntos. Esses vídeos são chamados de *vlogs* e hoje são muito comuns. Há, inclusive, canais da internet específicos para esse tipo de conteúdo.

Nesta seção, você vai assistir a um *vlog*, analisá-lo e, depois, produzir seu próprio *vlog*. Nele, você vai fazer uma crítica a um livro de literatura que tenha lido.

Conhecendo um *vlog*

O professor vai passar um *vlog* para a turma ver: A Cigarra e a Formiga (disponível em: <https://www.youtube.com/watch?v=TGGiRgC1jp8&>. Acesso em: 15 jun. 2018).

Antes, observem as imagens a seguir e conversem com os colegas sobre as questões propostas.

A

Disponível em: <https://www.youtube.com/watch?v=TGGiRgC1jp8&t=63s>. Acesso em: 17 jul 2018

B

Disponível em: <https://www.youtube.com/watch?v=TGGiRgC1jp8&t=63s>. Acesso em: 17 jul 2018

1 **Uma das imagens é da abertura do canal que veiculou o *vlog*.**

a. Qual é o nome desse canal?

b. O nome do canal traz alguma lembrança a você? Qual?

2 **Com base no nome do *vlog*, que assuntos você imagina que ele apresenta?**

Assistindo e analisando o *vlog*

Agora, você vai assistir ao *vlog*. Observe características e itens importantes para produzir um bom vídeo. Além de prestar atenção no conteúdo, esteja atento também à postura, ao tom de voz e à expressão corporal da *vlogger* (apresentadora).

Depois, responda às questões a seguir.

1 **Qual é o nome da *vlogger* do canal?**

2 **Com qual objetivo esse *vlog* foi produzido? O que foi apresentado nele?**

3 Qual é provavelmente o público-alvo desse *vlog*?

4 Durante o vídeo, ficou claro que a *vlogger* sabia bem do assunto de que estava falando? Justifique.

5 Durante o vídeo, a *vlogger* se comunicou o tempo todo com o mesmo tom de voz ou alterou o tom em determinados momentos? Por que ela se apresentou assim?

6 Dentre os itens a seguir, quais mais correspondem à postura corporal da *vlogger* no vídeo?

- ☐ Ela ficou o tempo todo mudando de lugar para deixar o vídeo mais dinâmico.
- ☐ Ela se manteve no mesmo lugar, porém, fazendo gestos bruscos durante o vídeo para chamar a atenção do espectador para si.
- ☐ Ela se manteve no mesmo lugar, gesticulando de forma suave durante sua fala para não chamar demais a atenção para si, pois esse não é o ponto principal do vídeo.
- ☐ Ela se manteve séria, mostrando que não se sentia muito atraída pelo livro que estava apresentando.
- ☐ Ela se manteve sorridente e simpática, demonstrando que gostou do livro que estava apresentando.

7 Ao assistir ao vídeo, a impressão é de que a *vlogger* decorou toda sua fala ou de que manteve um tom de conversa? Essa postura foi adequada para o *vlog*? Por quê?

8 Qual foi a linguagem usada pela *vlogger*: formal ou informal? Em sua opinião, por que ela optou por esse padrão de linguagem?

9 Qual é a opinião geral da *vlogger* sobre o livro que estava apresentando? Aponte algumas falas que confirmam a opinião dela.

10 Você se interessou pelo que foi apresentado no vídeo? Por quê?

O que vou produzir

Em duplas, vocês vão produzir um *vlog* com uma crítica a um livro que tenham lido.

Para produzir um *vlog* que seja atrativo ao público-alvo, é necessário atentar para alguns elementos que são próprios desse tipo de produção. Veja a seguir quais são esses elementos.

Bruna Ishihara/ID/BR

Orientações para a produção

1. Para que o *vlog* seja atraente e transmita credibilidade, o *vlogger* precisa dominar o assunto que vai abordar. Para isso, vocês deverão escolher um livro que já tenham lido ou que queiram ler. Porém, como será feita uma crítica do livro, se ainda não o conhecerem, o primeiro passo é fazer a leitura dele.
2. Depois de escolher o livro, vocês precisam organizar as impressões sobre ele. Para isso, conversem sobre o que acharam da história. Vocês não precisam concordar em tudo nem só falar bem do livro.
3. Depois de uma primeira conversa sobre as impressões de cada um, é preciso organizar a crítica de cada elemento do livro, como:
   - Capa (A capa representa bem a história?).
   - Enredo (A história é interessante/cansativa/divertida/triste?).
   - Ilustrações (As ilustrações são atraentes/interessantes/sem graça?).
   - Personagens (De qual vocês mais gostaram? Por quê? Não gostaram de alguma delas? Por quê?).
   - Linguagem (A linguagem é apropriada? É cansativa? É divertida?).

Preparação da fala

1. Para a apresentação, você e o colega serão os *vloggers*.
2. Para organizar as falas, elaborem um pequeno roteiro. Vocês não precisam segui-lo à risca. É necessário, porém, que tenham um esboço de tudo o que querem falar para que nada seja esquecido.
3. Na gravação, mostrem o livro aos espectadores. Leiam algumas passagens para apresentar algo de que gostaram ou mesmo para criticar negativamente algo de que não gostaram. Isso dará mais credibilidade à análise.
4. Também é preciso mostrar algumas das ilustrações do livro e expor sua opinião sobre elas.

Bruna Ishihara/ID/BR

Hora de gravar e editar

1. Escolham um equipamento de gravação de áudio e vídeo, que pode ser o celular, a *webcam*, uma câmera fotográfica que grave vídeos, etc.
2. Prestem atenção à qualidade do som. Gravem em um local que tenha pouco ruído externo.

3. Retomem, no dia da gravação, os pontos que serão expostos no vídeo. Ao gravar, façam de conta que estão conversando com um amigo. A linguagem pode ser informal, com expressões próprias da oralidade, mas sem exageros.

4. Procurem falar olhando para a câmera. Não se preocupem com os momentos de hesitação, pois eles poderão ser cortados na edição do vídeo.

5. Não se esqueçam da introdução: título do *vlog*, nome dos *vloggers*, o que vão apresentar. Por exemplo: "Olá, nós somos (nome dos *vloggers*) e vamos falar sobre o livro (título do livro), de autoria de (nome do autor ou da autora)".

Bruna Ishihara/ID/BR

6. Atentem para a postura e o tom de voz. Ajam naturalmente e falem em ritmo normal e com tom de voz audível.

7. Não se esqueçam de fazer uma saudação final no vídeo, agradecendo às pessoas que estão assistindo.

8. Em um dia combinado com o professor, façam a edição do vídeo. Aquelas partes em que alguém não sabia o que falar porque estava pensando, por exemplo, poderão ser cortadas.

Divulgação do *vlog*

Quando estiver finalizado, exibam o vídeo aos colegas da turma. Se possível, divulguem também no *site* ou no *blog* da escola. Se a escola não tiver um, vocês podem, com ajuda do professor, criar um canal para compartilhar os vídeos. O canal pode abranger todas as produções da turma. Depois, é só fazer a divulgação para os familiares, colegas e funcionários da escola.

Avaliação

Após exibir o vídeo, conversem sobre os itens a seguir.

- **O *vlog* ficou audível e a imagem, nítida?**
- **A opinião de cada *vlogger* sobre o livro ficou clara?**
- **O vídeo ficou cansativo?**
- **A fala estava em tom apropriado? A postura ficou adequada ao vídeo?**
- **Vocês gostaram de gravar o *vlog*? O que poderia ser melhorado em um próximo vídeo?**

Aprender sempre

ACESSE O RECURSO DIGITAL

1 Leia algumas chamadas comuns em anúncios publicitários.

studioworkstock/Shutterstock.com/ID/BR

HEY 9/Shutterstock.com/ID/BR

a. Qual é o prefixo que se repete nas duas placas acima?

____

b. Que sentido esse prefixo acrescenta às palavras? Explique usando exemplos dos anúncios.

____

____

c. Com que intenção palavras com esse prefixo são usadas em anúncios publicitários?

____

____

d. Que verbos dão origem às palavras **liquidação**, **desconto** e **promoção**?

____

e. Acrescente um sufixo aumentativo à palavra **superdesconto** que enfatize ainda mais o desconto anunciado.

____

f. Anúncios de grandes promoções são comuns no dia a dia. Em sua opinião, o consumidor pode confiar em todos esses anúncios? Converse com os colegas e o professor.

Saber Ser

2 Leia mais uma chamada publicitária e observe como a palavra foi composta.

indiovetorepurodotcom/ Shutterstock.com/ID/BR

Ultra: prefixo que significa "para além de".

Mega: prefixo que significa "1 milhão". Usa-se em relação a algo que será multiplicado por 1 milhão.

- O efeito que se busca produzir com o uso da palavra **ultramegaliquidação** em um contexto publicitário é o mesmo que se espera obter usando **superliquidação**? Converse com os colegas e o professor.

3 Veja esta sequência de palavras e observe os sufixos delas.

enchi**mento** ench**ente**

- Explique por que essas palavras são escritas com **ch** e não **x**.

____

____

4 Percorra a trilha e complete as palavras com **x** ou **ch**. Consulte um dicionário se necessário.

Bruna Ishihara/ID/BR

Vamos compartilhar!

Palestra com especialista sobre consumo

Este capítulo começa com um texto que nos permite refletir sobre hábitos de consumo. Vamos rever um trecho dele?

> A chave do estilo de vida ocidental é clara: CONSUMIR! Consumir para ser popular, consumir para ter mais que o vizinho, consumir para esquecer os problemas, consumir para ser feliz.

Para saber mais e refletir a respeito do consumo, com a ajuda do professor, você e os colegas vão organizar uma palestra com um especialista para os pais ou responsáveis. Depois da palestra, haverá uma conversa com os participantes. Um especialista será convidado para falar sobre os seguintes temas:

- Hábitos de consumo.
- Comportamento consumista.
- Problemas causados pelo consumismo.

Provocando reflexão

Você e os colegas vão reler os textos que foram lidos nas páginas 105 e 117 deste capítulo e vão fazer uma roda de conversa para recordar o que foi estudado sobre consumo. Discutam também sobre as seguintes questões:

- Você já comprou algo de que não precisava?
- Antes de comprar, será que avaliamos adequadamente o que é necessário e o que é desnecessário?

Organizando a palestra

Com a ajuda do professor, escolham um lugar na escola apropriado para o evento e o dia em que o especialista vai dar a palestra. Produzam um cartaz e o coloquem no local para direcionar os convidados.

Depois de pesquisarem um especialista disponível na cidade de vocês, o professor vai convidá-lo para ir à escola dar a palestra a pais, responsáveis e alunos.

Estipulem o tempo de fala do especialista e o tempo que será reservado no final para a conversa mediada pelo professor entre os participantes ouvintes.

Bruna Ishihara/ID/BR

O dia da palestra

No início da palestra, o professor vai fazer a apresentação do palestrante, explicar quanto tempo haverá de exposição sobre o tema e quanto tempo vai ser destinado à conversa com os alunos e seus responsáveis. O especialista vai participar desse momento respondendo a questões, complementando informações, lançando novas reflexões.

Produto final

Cada aluno e seu responsável vão receber um pedaço de papel para ilustrar a imagem de um produto que já foi consumido, mas que, depois da reflexão, foi considerado desnecessário. No final do evento, devem colar a imagem em um grande painel para que todos possam ver e trocar ideias sobre o que os levou a considerar o consumo do produto desnecessário.

Avaliação

Discutam as seguintes questões em uma roda de conversa:

- A conversa coletiva fez vocês refletirem sobre hábitos de consumo?
- Houve informações que despertaram novas reflexões sobre o tema?
- O tempo reservado para a exposição do assunto e a conversa entre os participantes foi adequado?
- Vocês gostariam que houvesse palestras sobre outros temas na escola?
- O que poderia ser melhorado em um próximo evento?

Bruna Ishihara/ID/BR

Sugestões de leitura

DCL/Arquivo da editora

***Betina Quero-Quero*, de Andréia Vieira. Editora DCL.**

Vamos conhecer a história de Betina, uma menina que sempre consegue o que quer. Com uma abordagem divertida e ilustrações, esse livro traz para o universo infantil um tema delicado: o consumismo.

Ziraldo/Acervo do artista

***A fada madrinha (do consumo)*, de Ziraldo. Editora Melhoramentos.**

Nesse livro, Maluquinho e sua turma estão atrás da melhor fantasia do Cavaleiro Negro, porém, seus pais se negam a comprar. Chateados, eles vão descobrir que para se divertir não é necessário consumir.

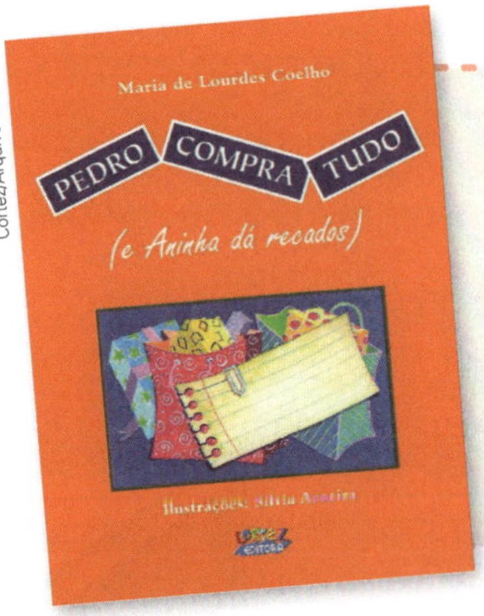

Cortez/Arquivo da editora

***Pedro compra tudo (e Aninha dá recados)*, de Maria de Lourdes Coelho. Editora Cortez.**

Pedro está acostumado a comprar tudo o que quer por impulso, enquanto Aninha, sua colega, é uma garota que planeja e faz pesquisas antes de gastar. Juntos, aprenderão a lidar com o consumo de maneira consciente.

Moderna/Arquivo da editora

***Umbigo indiscreto*, de Eva Furnari. Editora Moderna.**

Bolofolândia é um país onde todos passam muito tempo comendo. Os habitantes desse país são tão ligados à comida, que a cor do umbigo deles varia quando apresentam emoções e sentimentos diferentes. Essa história leva as crianças a descobrir o risco que uma alimentação rica em guloseimas pode trazer.

CAPÍTULO

5 Agora a história é outra

Você conhece a história de Chapeuzinho Vermelho? Com a turma, procurem lembrar juntos dos principais fatos narrados nesse conto. Depois, faça a leitura da história em quadrinhos abaixo.

Instituto Ciência Hoje/Arquivo da editora

Criação e arte Ivan Zigg

Revista *Ciência Hoje das Crianças*, ano 27, n. 70, set. 2014.

- A história em quadrinhos corresponde ao conto "Chapeuzinho Vermelho" que você já conhecia?
- O que torna o fim da história em quadrinhos engraçado?
- O que mudou na postura do vilão tradicional, o Lobo Mau?
- Você já ouviu ou leu uma versão modificada de um conto tradicional?

Navegar na leitura

ACESSE O RECURSO DIGITAL

Esta é uma história de Cinderela que talvez você nunca tenha ouvido. Cinderela vivia com o pai, uma vez que perdera a mãe muito cedo. Aprendeu a fazer as tarefas domésticas com perfeição. Quando o pai se casou de novo, vieram morar com eles a nova esposa e as duas filhas dela: Josefina e Madalena. As moças, no entanto, eram desajeitadas nas tarefas da casa. Cinderela frequentemente se irritava com as três. As palavras que Cinderela costumava cantarolar revelam a razão de as irmãs e a mãe delas, Antônia, chegarem a chorar, desoladas.

A história de Cinderela tal como me contaram

ACESSE O RECURSO DIGITAL

Josefina, Josefina, todas as coisas arruína.
Madalena, Madalena, tudo o que toca desordena.
Antônia, Antônia, destrói tudo sem cerimônia.

Ao cabo de alguns dias, a madrasta e suas filhas estavam com o moral no chão, que, diga-se de passagem, brilhava como a lua cheia. [...]

Certa manhã, quando Cinderela esfregava e polia até fazer desaparecer o menor sinal de pó de toda a casa, a madrasta e as suas filhas estavam sentadas no jardim para consolar umas às outras e secar as lágrimas que lhes inundavam as faces. [...]

Uma criatura diminuta e alada acabara de pousar perto delas e as olhava com os olhos mais cintilantes do mundo. Não havia dúvida. Era uma fada!

— Eu sei muito bem qual é a razão da tristeza de vocês — disse com uma voz que parecia destilar mel e indo diretamente ao ponto. — E vim trazer a solução para acabar com esse sofrimento. O príncipe Godofredo quer se casar e está procurando uma noiva. Embora seja rico e gentil, nenhuma mulher que ele conheceu o aguenta, porque ele é um maníaco obsessivo por limpeza e organização.

Quando ela pronunciou essas palavras, nenhuma das três mulheres que a ouviam boquiabertas pôde evitar uma expressão de nojo.

— Mas eu acho que Cinderela e ele foram feitos um para o outro — continuou a fada. — Na semana que vem, Godofredo dará um baile em seu palácio

Bruna Assis Brasil/ID/BR

e convidará todas as moças solteiras da região. [...] Eu me apresentarei diante dela e num piscar de olhos a cobrirei com um vestido jamais sonhado por mulher alguma. Eu lhe darei uma carruagem e farei com que ela me prometa que deixará o salão antes da meia-noite, momento em que suas roupas desaparecerão com o encantamento. Isso fará com que Godofredo se sinta desafiado a reencontrá-la, e que seu interesse por ela aumente ainda mais. O resto vocês podem deixar por minha conta. Ah! — disse a fada mexendo sua varinha mágica —, este par de sapatos é para Josefina e este, para Madalena.

As meninas olharam os sapatos que a fada acabara de fazer aparecer e viram que eram simplesmente lindos.

— Por favor — prosseguiu a fada —, deixem escondidos até a noite do baile, só calcem quando estiverem preparadas para ir ao palácio. [...]

Tudo transcorreu tal como a fada havia planejado. E, quando estavam prontas para sair para a festa, Josefina e Madalena calçaram os sapatos que a fada havia deixado e viram com assombro que eles, assim como seus pés, haviam dobrado instantaneamente de tamanho. Como não tinham nada de bobas, mesmo sem entender direito, pensaram que a fada devia saber o que estava fazendo e foram para o palácio muito contentes.

Cinderela chegou exatamente no momento em que o baile começava, disposta a conquistar o coração de Godofredo. [...]

O resto da história com certeza vocês já sabem. Um pouquinho antes da meia-noite, depois de ter dançado até o último momento com o príncipe, Cinderela sumiu, mas perdeu um dos sapatos ao descer correndo pelas escadarias. Desesperado, Godofredo mandou que, no dia seguinte, levassem o sapato de casa em casa até encontrar o pé que se encaixasse em sua forma. As duas irmãs tentaram calçá-lo, mas só de olhar dava pra perceber que aqueles pés enormes não caberiam nele.

Cinderela casou-se com o príncipe, e os dois passaram anos esfregando, polindo e lavando juntos.

De resto, vale dizer que na noite do baile Josefina e Madalena conheceram dois encantadores jovens com os quais se casaram e viveram felizes para sempre. [...]

Adela Basch. *Não era uma vez...*: contos clássicos recontados. São Paulo: Melhoramentos, 2010. p. 6-19.

Ler para compreender

1 Com relação à versão mais conhecida do conto, o que há de diferente no comportamento de Cinderela?

____

____

____

2 Nessa versão, quem é a personagem vilã?

____

3 Como se chama o príncipe? Em que ele é diferente dos príncipes tradicionais?

____

____

____

Bruna Assis Brasil/ID/BR

4 Há uma personagem ligada ao mundo de encantamentos que age de maneira diferente de como ela age no conto tradicional.

a. Quem é essa personagem?

____

b. Quem essa personagem ajuda nessa versão do conto?

____

c. Por que ela ajuda essas pessoas?

____

____

____

d. O que essa personagem faz para ajudar?

____

____

____

5 Releia o modo como a fada foi descrita nessa versão da história.

Uma criatura diminuta e alada acabara de pousar perto delas e as olhava com os olhos mais cintilantes do mundo. Não havia dúvida. Era uma fada!

— Eu sei muito bem qual é a razão da tristeza de vocês — disse com uma voz que parecia destilar mel e indo diretamente ao ponto. — E vim trazer a solução para acabar com esse sofrimento.

Bruna Assis Brasil/ID/BR

a. Copie as expressões do texto que sugerem:

- magia e delicadeza.

- doçura.

b. Explique o que significa a expressão "ir direto ao ponto".

6 Releia este trecho.

Tudo transcorreu tal como a fada havia planejado. E, quando estavam prontas para sair para a festa, Josefina e Madalena calçaram os sapatos que a fada havia deixado e viram com assombro que eles, assim como seus pés, haviam dobrado instantaneamente de tamanho. Como não tinham nada de bobas, mesmo sem entender direito, pensaram que a fada devia saber o que estava fazendo e foram para o palácio muito contentes.

a. O que significa a expressão "com assombro"?

b. Por que a fada fez os pés das irmãs crescerem tanto?

c. Valeu a pena as irmãs confiarem no plano da fada? Explique.

7 Descreva como foi o desfecho da história para Cinderela e também para as irmãs Josefina e Madalena.

8 Esse desfecho trouxe humor a essa versão da história? Por quê?

9 O que Cinderela cantava deixava as irmãs tristes. Releia.

> *Josefina, Josefina, todas as coisas arruína.*
> *Madalena, Madalena, tudo o que toca desordena.*
> *Antônia, Antônia, destrói tudo sem cerimônia.*

- Por que podemos afirmar que nessa história há uma inversão na atitude das personagens em relação ao conto tradicional? Justifique com elementos e fatos do texto.

10 Observe o título do livro em que essa história foi publicada. Ele traz versões diferentes de vários contos de encantamento conhecidos.

Melhoramentos/Arquivo da editora

Não era uma vez...

a. Por que o livro recebeu esse título?

b. Em sua opinião, para apreciar melhor novas versões de contos, é importante conhecer as histórias tradicionais? Por quê?

Caminhos da língua

Discurso direto e discurso indireto

1 Releia dois trechos do texto.

Bruna Assis Brasil/ID/BR

> — Mas eu acho que Cinderela e ele foram feitos um para o outro — **continuou a fada.** [...] Ah! — **disse a fada mexendo sua varinha mágica** —, este par de sapatos é para Josefina e este, para Madalena.

> — Por favor — **prosseguiu a fada** —, deixem escondidos até a noite do baile, só calcem quando estiverem preparadas para ir ao palácio.

a. O travessão no início das frases indica falas de personagem ou a voz do narrador?

____

b. As frases em destaque são falas de personagem ou a voz do narrador?

____

c. Qual é a função dos travessões que não estão no início das falas?

____

____

d. Os verbos **disse**, **continuou** e **prosseguiu** sinalizam as falas da fada. Quais desses verbos são sinônimos, ou seja, têm significado semelhante?

____

e. Por que foram usados dois verbos que têm significado semelhante?

____

f. O verbo **mexendo** está relacionado à fala de uma personagem? Explique.

____

____

Em textos narrativos é comum o uso do **discurso direto**, com travessão marcando o início das falas. Os **verbos de elocução** anunciam as ações e a expressividade das falas de personagens. Esses verbos fazem parte da voz do narrador, e o travessão também é usado para separá-los.

2 **Observe este trecho, em que o narrador conta o que aconteceu na história um pouco antes da meia-noite, horário em que acabaria o encantamento de Cinderela.**

O resto da história com certeza vocês já sabem. Um pouquinho antes da meia-noite, depois de ter dançado até o último momento com o príncipe, Cinderela sumiu, mas perdeu um dos sapatos ao descer correndo pelas escadarias. **Desesperado, Godofredo mandou que, no dia seguinte, levassem o sapato de casa em casa até encontrar o pé que se encaixasse em sua forma.**

Bruna Assis Brasil/ID/BR

a. Copie abaixo a frase em que o narrador indica o motivo de ele não contar detalhadamente os acontecimentos finais.

____

____

b. Releia o trecho destacado. Esse trecho indica que Godofredo falou com outras pessoas, deu-lhes uma ordem. Esse diálogo apareceu no conto?

☐ Sim. ☐ Não.

c. Que verbo indica que Godofredo falou com alguém na história?

____

As falas das personagens podem ser apresentadas por meio do **discurso indireto**. Nesse caso, o narrador é quem conta ao leitor o que as personagens disseram durante uma conversa. Nesse tipo de discurso também há verbos de elocução que indicam com quem as personagens falam e revelam a expressividade do diálogo, ainda que este seja apresentado pelo narrador.

3 Leia o texto **1**, retirado do conto lido. Depois, leia o texto **2**, uma reescrita do texto **1**.

Texto 1

— Ah! — disse a fada mexendo sua varinha mágica —, este par de sapatos é para Josefina e este, para Madalena.

— Por favor — prosseguiu a fada —, deixem escondidos até a noite do baile, só calcem quando estiverem preparadas para ir ao palácio.

Bruna Assis Brasil/ID/BR

Texto 2

A fada mexeu sua varinha mágica e se lembrou de dar de presente um par de sapatos para Josefina e outro para Madalena. Em seguida, pediu às irmãs que os deixassem escondidos e só os calçassem quando estivessem preparadas para ir ao palácio.

a. Que tipo de discurso é usado para narrar a cena em cada texto?

- Texto **1**: ________________
- Texto **2**: ________________

b. Aponte os verbos de elocução usados nos textos **1** e **2**.

- Texto **1**: ________________
- Texto **2**: ________________

c. Em qual dos dois textos o leitor percebe melhor a presença da personagem e suas características? Explique.

d. Escreva o trecho destacado na atividade **2** usando o discurso direto.

Olá, oralidade

Variedades linguísticas

O livro de José Roberto Torero, *Os oito pares de sapatos de Cinderela,* permite ao leitor fazer uma interessante brincadeira de leitura: escolher uma dentre várias versões de trecho possíveis para o conto "Cinderela". Veja as variações das frases a seguir, que narram a chegada de Cinderela ao baile.

Cinderela estava **um arraso**! Tanto que Romilda, Cremilda e a Madrasta não a reconheceram. [...]

Cinderela estava **um *show***! [...]

Cinderela estava **um estouro**! [...]

Cinderela estava **um uau**! [...]

Cinderela estava **um pitéu**! [...]

Cinderela estava **uma teteia**! [...]

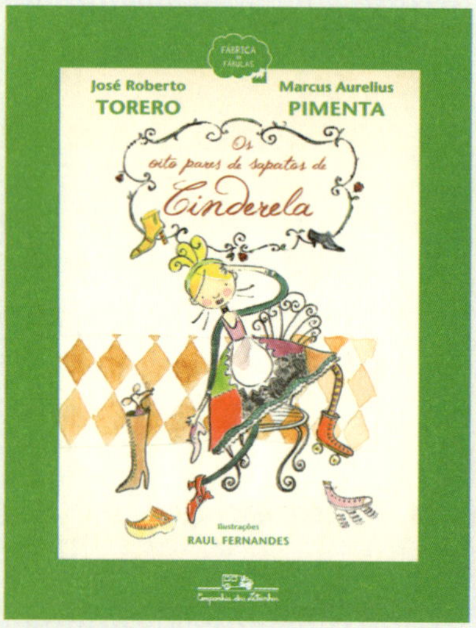

Ilustrações de Raul Fernandes/Editora Companhia das Letrinhas

José Roberto Torero. *Os oito pares de sapatos de Cinderela.* Rio de Janeiro: Alfaguara, 2012.

1 **Qual das expressões a seguir tem significado semelhante ao das expressões destacadas no texto acima?**

- [ ] Uma magreza só.
- [ ] Um espetáculo.
- [ ] Um mistério.

As expressões destacadas no texto são **gírias**. O narrador as usou para descrever a personagem. A gíria costuma estar ligada ao falar de determinado grupo social, mas pode ter seu uso ampliado socialmente. Além disso, está sempre se renovando. Ela revela o dinamismo da língua e a criatividade dos falantes. Muitas vezes, ela faz parte da identidade de um grupo, que se torna mais unido por meio do uso de uma linguagem com gírias próprias.

a. Que outra gíria poderia substituir a expressão "um arraso" na frase?

b. Duas das gírias usadas no texto não costumam ser conhecidas pelos jovens de hoje porque eram usadas por pessoas de outras gerações. Quais são essas gírias?

____

c. Você já ouviu a gíria "sua ficha ainda não caiu"? Você sabe o que ela significa? Converse com os colegas e assinale o significado dessa expressão.

- [ ] A frase quer dizer que sua ficha de inscrição caiu no chão.
- [ ] A frase quer dizer que você não entendeu algo que ouviu.

Lucas Lacaz Ruiz/Futura Press

Você já notou que a língua varia com o passar do tempo? Isso ocorre porque os falantes contribuem para que uma palavra ou expressão passe a ser usada ou caia em desuso com o tempo.

2 **Leia um trecho da crônica "Antigamente", de Carlos Drummond de Andrade.**

> Antigamente **as moças** chamavam-se *mademoiselles* e eram todas mimosas e muito prendadas. Não **faziam anos**: completavam primaveras, em geral dezoito.

Carlos Drummond de Andrade. *Quadrante*. Rio de Janeiro: Edição do autor, 1962.

a. Quais expressões o autor considera antigas?

____

b. Escreva uma frase usando outra expressão que corresponda a "fazer anos".

____

____

c. As gírias não costumam ocorrer em contos tradicionais, mas elas aparecem na versão do livro *Oito pares de sapatos de Cinderela*. Por que as gírias combinam mais com as versões atuais dos contos do que com as histórias tradicionais?

3 **O professor vai mostrar um áudio para que você possa ouvir a fala de pessoas em diferentes situações de comunicação e observar a presença de gírias em alguma delas.**

Dando asas à produção

Reconto: versão de conto de encantamento

Como vimos, em geral, os contos de encantamento têm uma versão tradicional, conhecida pela maioria das pessoas. Mas também há versões dessas histórias que são escritas de acordo com a criatividade de quem as reconta.

O que vou produzir

Você e um colega vão criar uma nova versão de um conto tradicional. Para isso, escolham um conto conhecido e contem novamente a história, fazendo modificações conforme a criatividade de vocês.

Orientações para a produção

1. Algumas das possibilidades de modificação de um conto de encantamento são:
   - Mudar o início, o meio ou o final do conto.
   - Inserir na história elementos atuais.
   - Possibilitar que personagens de diferentes contos se encontrem na nova história.

Bruna Assis Brasil/ID/BR

2. Ao fazer modificações no conto, tomem cuidado para não se perder ao estabelecer a sequência dos fatos. Vocês precisam ter um objetivo claro, saber aonde querem chegar com a narrativa.
   - Escolham um conto tradicional, que seja conhecido por muitas pessoas.
   - Decidam que parte do conto será mudada; porém, mantenham elementos do conto tradicional para que o leitor identifique de qual história trata o reconto.
   - Verifiquem qual será o rumo da história depois de feita a mudança.
   - Planejem antecipadamente a sequência de fatos, definindo, assim, como serão o conflito, a solução e o desfecho da história.
3. Se decidirem inserir elementos atuais no conto, analisem como eles podem contribuir para que a história fique interessante. Tenham objetivos ao incluí-los. Observem quais efeitos eles provocarão na história.

4. Para misturar várias personagens de diferentes contos em uma mesma história, planejem com antecedência como, quando, onde e por que elas vão se encontrar. O que acontecerá quando elas estiverem juntas (como vão se comportar, o que vão dizer umas às outras, etc.). Esses encontros podem enriquecer a trama e gerar situações-problema engraçadas.
5. Não se esqueçam de usar o discurso direto para indicar as falas, recorrendo aos verbos de elocução. Quando acharem conveniente, usem também o discurso indireto.
6. Observem a ortografia e procurem tirar dúvidas sobre a maneira de escrever as palavras.

Avaliação e reescrita

Troquem o texto com outra dupla. Peça aos colegas que leiam a sua história e vocês a deles. Avaliem o texto marcando **sim** ou **não** para cada pergunta a seguir.

1. O reconto apresenta um conflito, uma solução e um desfecho condizentes com as situações vividas pelas personagens?	Sim	Não
2. A nova versão mantém elementos do conto tradicional, permitindo ao leitor que identifique a qual história se refere?	Sim	Não
3. Os autores recorreram ao discurso direto e/ou ao discurso indireto a fim de favorecer a narração da história?	Sim	Não
4. As palavras estão escritas corretamente?	Sim	Não

Circulação do texto

Falem com o professor sobre a realização de uma roda de leitura. Reservem uma aula para isso. Nessa roda, leiam as histórias produzidas pelas duplas.

Caso seja possível, façam um intercâmbio de recontos com outras turmas que tenham realizado a mesma atividade.

Bruna Assis Brasil/ID/BR

Navegar na leitura

Quem é que não gosta de se divertir? Há textos marcados pela linguagem humorística e criados com o objetivo de provocar o riso. Esses textos são chamados de anedotas.

- **Você gosta de ler, ouvir ou contar anedotas?**
- **A anedota abaixo é sobre um menino perdido no deserto que encontra uma lâmpada maravilhosa. O que você faria se estivesse perdido como esse menino e encontrasse uma lâmpada maravilhosa?**

Agora, faça a leitura da anedota e divirta-se.

O menino estava perdido no meio do deserto quando encontrou uma lâmpada maravilhosa. Apanhou a lâmpada e, sabendo o que tinha de fazer, esfregou-a três vezes. Como era esperado, de dentro da lâmpada saiu o gênio que lá estava havia centenas de anos.

— Pois não, meu amo e senhor — disse o gênio. — Qual o vosso pedido?

— Quero ir para casa.

— Então, vamos — disse o gênio, pegando na mão do garoto e começando a andar.

— Não. Assim não. Eu quero chegar rápido, seu Gênio.

— Tá bem. Então vamos correr.

Paulo Tadeu. *Proibido para maiores*: as melhores piadas para crianças. São Paulo: Matrix, 2007. p. 29.

Bruna Ishihara/ID/BR

Ler para compreender

1 **A anedota lida foi inspirada em um conhecido conto tradicional.**

a. A qual conto tradicional essa anedota faz referência?

____

b. Que objeto tem poder mágico, tanto na anedota quanto no conto?

____

c. Qual semelhança podemos perceber entre o gênio da anedota e o gênio do conto tradicional?

____

____

2 **Observe as ilustrações a seguir e pinte aquela que representa o objeto encontrado pelo menino.**

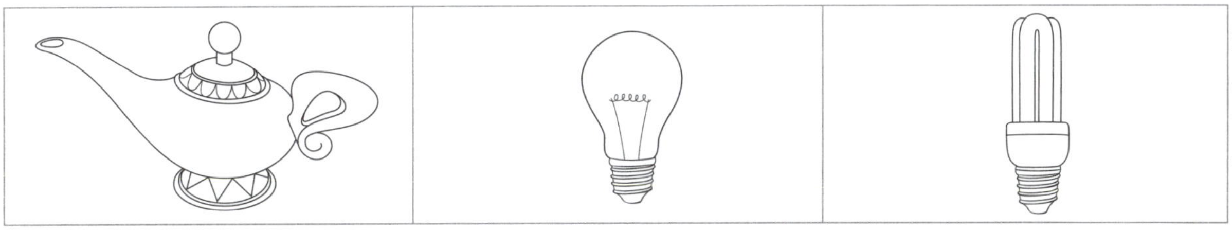

Ilustrações: Bruna Ishihara

3 **Como todo texto narrativo, a anedota lida apresenta enredo, personagens e espaço.**

a. Quem são as personagens da história?

____

b. Em que lugar a história acontece? ______________________

c. Quais são os fatos narrados? Descreva-os.

____

____

____

4 **Ao fazer o pedido ao gênio, o que o menino esperava que acontecesse?**

____

____

5 Releia o primeiro parágrafo da anedota.

> O menino estava perdido no meio do deserto quando encontrou uma lâmpada maravilhosa. Apanhou a lâmpada e, sabendo o que tinha de fazer, esfregou-a três vezes. Como era esperado, de dentro da lâmpada saiu o gênio que lá estava havia centenas de anos.

a. O início da anedota sugere ao leitor que o menino sabia muito bem o que fazer com a lâmpada maravilhosa que encontrou no deserto. Que expressões do trecho indicam isso? Sublinhe-as.

b. Em sua opinião, como o menino sabia o que tinha de fazer com a lâmpada que encontrou no deserto? Converse com os colegas.

6 Leia uma versão adaptada da anedota que você leu.

> O menino estava perdido no meio do deserto quando encontrou uma lâmpada maravilhosa. Apanhou a lâmpada e, sabendo o que tinha de fazer, esfregou-a três vezes. Como era esperado, de dentro da lâmpada saiu o gênio que lá estava havia centenas de anos.
>
> O gênio, assim que viu o menino, perguntou qual pedido seria feito. O menino respondeu que queria ir para casa. O gênio se disponibilizou a levá-lo. Logo em seguida, segurou em sua mão e começaram a caminhar. No entanto, o menino queria chegar rapidamente e, como solução, o gênio propôs que fossem correndo.

- Qual versão é mais adequada para contar a anedota: a versão original ou a adaptada? Justifique sua resposta.

Bruna Ishihara/ID/BR

7 Releia a última fala da anedota.

> — Tá bem. Então vamos correr.

a. Que palavra desse trecho é apresentada de maneira reduzida e aproxima a anedota da oralidade? Circule essa palavra.

b. Reescreva a palavra apresentada sem redução.

____

8 Uma das características da anedota é apresentar uma situação inusitada que causa riso. O que torna essa anedota engraçada?

Caminhos da língua

Coesão textual

1 Leia a anedota a seguir.

O maluco fala com o amigo **dele**:
- Sabe de uma coisa? Eu sinto que sou um sapo!
- E desde quando você começou a sentir isso?
- Desde que eu era girino...

Bruna Ishihara/ID/BR

Paulo Tadeu. *Continua proibido para maiores*. São Paulo: Matrix, 2008. p. 17.

a. Por que a última fala do maluco na anedota provoca o humor?

____

b. Com qual expressão usada no dia a dia a última fala do maluco se parece?

____

DICA
É só substituir a palavra **girino** por outra.

c. Quais palavras o pronome destacado na primeira linha da anedota está substituindo? ______________________________

- Por que foi utilizado o pronome e não as palavras que ele substitui?

____

d. Em "E desde quando você começou a sentir isso?", o pronome **isso** foi usado para se referir:

- [ ] a uma informação apresentada anteriormente.
- [ ] a uma informação que ainda será apresentada.

- A qual informação o pronome **isso** se refere?

____

Há palavras que retomam informações anteriormente apresentadas no texto. Há outras que antecipam informações. Veja exemplos:

Esqueci minha fala na apresentação. **Isso** me ensinou que preciso me preparar mais.

Isto eu garanto: o livro *O mistério de Feiurinha*, de Pedro Bandeira, é muito interessante e divertido!

2 Leia a seguinte notícia.

Seu cachorro é um gênio – saiba o porquê

Karasiki/Shutterstock.com/ID/BR

[...] Brian Hare, **neurocientista** especializado em **cognição** canina, e sua esposa, a cientista e jornalista Vanessa Woods, explicam como funciona a mente dos cães e contam por que eles podem ser mais inteligentes do que seus donos imaginam.

Baseados em um conjunto de trabalhos sobre o assunto que apelidaram de caninognição — ou seja, a cognição dos cães —, os autores chegaram à conclusão de que o processo evolutivo que transformou lobos em cachorros domésticos fez com que os animais adquirissem um novo tipo de inteligência social.

Essa inteligência teria tornado os cães muito semelhantes a bebês humanos, em termos de comportamento e de habilidades de comunicação — conquistando seus donos definitivamente. De acordo com Brian Hare, depois dos seres humanos, os cachorros são os mamíferos mais bem-sucedidos do planeta, superando até mesmo os chimpanzés, famosos por sua esperteza. [...]

Neurocientista: cientista que estuda o cérebro e o sistema nervoso.
Cognição: inteligência, capacidade de adquirir conhecimento.

Revista *Veja*. Disponível em: <http://veja.abril.com.br/noticia/ciencia/seu-cachorro-e-um-genio-saiba-o-porque>. Acesso em: 5 jan. 2018.

a. Sublinhe no texto o parágrafo em que uma explicação científica esclarece por que os cães são mais inteligentes do que os donos deles imaginam.

b. Nesse parágrafo, duas palavras referentes ao animal são sinônimas. Circule-as.

c. Que substantivo não é sinônimo dessas palavras, mas foi usado para se referir a elas? Pinte-o de **verde**.

d. No final do segundo parágrafo, diz-se que os cães adquiriram um novo tipo de inteligência social. Essa informação é retomada no parágrafo seguinte por qual expressão? Pinte-a de **amarelo**.

Nos textos, é comum que algumas palavras sejam usadas para se referir a uma informação que já apareceu antes ou a uma informação que ainda será apresentada. Essa retomada ou antecipação de informações usando determinados termos contribui para estabelecer uma relação entre frases e parágrafos, organizando as ideias do texto de modo harmônico e lógico, ou seja, contribuindo para a **coesão textual**.

Caminhos da língua

Uso de por que, porque, porquê e por quê

Bruna Assis Brasil/ID/BR

1 Releia o título da notícia.

> Seu cachorro é um gênio – saiba o porquê

a. Qual palavra pode substituir o **porquê** nesse título?

____

b. A expressão "saiba o porquê" está relacionada ao propósito da notícia? Converse com os colegas e o professor.

2 Observe a acena abaixo, em que duas crianças brincam de adivinha.

Bruna Ishihara/ID/BR

a. Por que essa adivinha é engraçada?

____

____

____

b. Relacione as palavras da adivinha com o contexto em que foram utilizadas.

por que	porque
resposta da adivinha	pergunta da adivinha

- **Por que** é usado quando podemos incluir **motivo**, ou **razão**, depois dele:
  Por que você não veio? –> Por que (motivo) você não veio?
- **Por quê** é usado quando estiver no fim da frase:
  Ele não veio por quê?
- **Porque** é usado como um termo explicativo. Pode ser substituído por **pois**:
  Ele não veio porque teve de viajar.
- **Porquê** é um substantivo, e pode ser substituído por **o motivo** ou **a razão**:
  Eu não sei o porquê disso tudo. –> Eu não sei o motivo/a razão disso tudo.

3 Leia a tirinha abaixo, com a personagem Armandinho e seu pai.

Alexandre Beck/Arquivo do cartunista

Alexandre Beck. *Armandinho quatro*. Florianópolis, SC: A. C. Beck, 2015. p. 41.

a. No primeiro quadrinho, o que Armandinho afirma sobre defender uma causa ruim?

____

____

b. E quanto à defesa que boas causas, o que ele afirma no segundo quadrinho?

____

____

c. Agora, releia o terceiro quadrinho e responda: A atitude de Armandinho foi coerente com o que ele defendeu nos dois primeiros quadrinhos? Justifique sua resposta.

____

____

d. Reescreva a fala do pai de Armandinho, mantendo o sentido original, acrescentando a palavra **não** ao final.

____

e. Explique o motivo de a palavra **porque** ter sido escrita dessa maneira na última fala de Armandinho.

____

____

f. Agora, a turma de vocês vai elaborar uma resposta diferente para a pergunta do pai de Armandinho, mais completa, que explique o que o menino quis dizer com as afirmações nos primeiros quadrinhos.

Jogos e brincadeiras

Por que, porque, porquê e por quê em tiras

1 Leia as tiras a seguir. Complete as falas, substituindo cada símbolo adequadamente por um dos termos do quadro a seguir.

por que   porque   por quê   porquê

Jim Davis. *Garfield*. Disponível em: <http://www.gocomics.com/garfield/2017/08/17>. Acesso em: 9 jan. 2018.

a. ________________ você voltou pra cama?

b. Dãã! ________________ está escuro lá fora.

Alexandre Beck. *Armandinho sete*. Florianópolis: A. C. Beck, 2015. p. 84.

c. Não, ________________ ?

Bob Thaves. Frank & Ernest. *O Estado de S. Paulo*. Cad. 2. p. 46. 31 jan. 2015.

d. ________________ as pessoas compram esses aparelhos caros de ginástica?

e. ________________ elas não têm um rabo para correr atrás.

Dando asas à produção

Anedota

A anedota é um gênero textual que tem como objetivo provocar o riso e divertir o leitor ou o ouvinte. Trata-se de um texto narrativo curto que apresenta personagens, enredo, espaço e tempo.

O que vou produzir

Neste capítulo, você leu e interpretou uma anedota, não é mesmo? Que tal criar agora sua própria anedota? Ela será apresentada em um festival de *stand-up* para divertir os colegas.

Orientações para a produção

Antes de produzir seu texto, leia a anedota apresentada a seguir, que faz parte de um livro para crianças. O autor conseguiu criar humor com base em uma ideia bem simples. Divirta-se!

A bruxa estava com um problema muito grave, que a estava deixando maluquinha.

Ela consultou diversos livros de bruxarias, mas nada dava jeito na situação. Aí, ela acabou tendo que procurar um médico.

Chegou ao consultório e disse:

— Doutor, toda vez que eu falo "abracadabra" alguém desaparece. Doutor? Doutor?

Paulo Tadeu. *Essa é boa*. São Paulo: Matrix, 2011.

Converse com os colegas e o professor sobre as questões abaixo.

1 **Quem é a personagem principal da anedota lida?**

2 **Em que histórias geralmente encontramos essa personagem?**

3 **Qual foi a situação inusitada que causou humor na anedota?**

Agora, siga as instruções abaixo para produzir seu texto.

1. Escolha uma personagem de um conto tradicional para ser a personagem principal de sua anedota.
   - Recorde a aventura vivida por essa personagem na história.
   - Lembre-se de que essa personagem deverá preservar suas características originais com descontração.

2. Pense em como vai ser sua anedota e qual situação inusitada será narrada para causar humor.

3. Escreva, no caderno, o rascunho do texto. Estruture-o em forma de uma pequena narrativa, que apresente personagem(ns), enredo, espaço e tempo.

4. Utilize linguagem adequada e discurso direto para dar maior naturalidade às falas. Para construir o humor, brinque com o significado das palavras e com a apresentação dos fatos. Para que a anedota provoque o riso, é preciso que o leitor a interprete adequadamente e entenda os efeitos de sentido e a intenção do autor.

5. Organize o texto com início, desenvolvimento e conclusão. Use a pontuação corretamente para alcançar o efeito desejado na leitura.

6. Finalize com uma quebra de expectativa para surpreender o leitor e provocar riso. Use e abuse do duplo sentido das palavras.

Avaliação e reescrita

Ao terminar de escrever sua anedota, verifique os itens a seguir.

1. A anedota criada tem pelo menos uma personagem que faz parte de um conto tradicional?	Sim	Não
2. O texto é curto e apresenta personagens, enredo, espaço e tempo, ou seja, os elementos da narrativa?	Sim	Não
3. O discurso direto foi utilizado adequadamente?	Sim	Não
4. O desfecho apresenta uma quebra de expectativa que causa humor?	Sim	Não
5. Foram utilizados elementos coesivos como pronomes para evitar repetições e tornar o texto mais natural?	Sim	Não

Circulação do texto

Prepare-se para participar de um festival de *stand-up*.

Em casa, planeje sua apresentação. Leia a anedota diversas vezes para dominar a sequência dos fatos. Encontre a entonação adequada para cada trecho do texto.

No dia combinado, conte aos colegas sua anedota. Use e abuse de gestos, de expressão facial e da dramatização, que poderão enriquecer a contação da anedota.

Divirta-se ouvindo as anedotas que os colegas também vão contar.

Bruna Ishihara/ID/BR

Vamos ler imagens!

Ilustração de versão de conto de fadas

Neste capítulo, você leu contos que se baseiam em outros já conhecidos. Muitas dessas versões nos divertem com situações e personagens inusitadas: caçadores medrosos, bruxas boazinhas, fadas malvadas, etc.

1 **Observe a imagem de uma nova versão de um conto bastante conhecido.**

Ilustração Daniel Bueno/Editora Companhia das Letras

a. Em que conto essa história foi baseada? Que elementos justificam sua resposta?

____

____

____

b. Por sua aparência, o que a personagem retratada do lado esquerdo tem em comum com a personagem correspondente na história original?

____

____

c. Observe com atenção a personagem que ocupa o lado direito da imagem e a cor de suas roupas. Agora, complete o nome dessa história:

Gorrinho ______________

2 **Nessa história, a personagem principal está viajando pelo espaço para encontrar sua avó. Onde o conto original se passa?**

____

3 Em grande parte das versões modificadas de contos de encantamento, as histórias se passam em épocas diferentes daquela em que ocorre a história original. Observando a imagem, você diria que essa história se passa antes, na mesma época ou depois da história original? Por quê?

____

____

____

4 Como se pode observar na ilustração, as personagens dessa história dispõem de meios de comunicação avançados. Onde você imagina que a personagem retratada do lado esquerdo está? Que elementos da ilustração demonstram isso?

____

____

____

____

5 Junte-se a um colega e escolham um conto de encantamento tradicional. Então, imaginem como vocês recontariam essa história se ela acontecesse no futuro.

- Pensem no tipo de transporte que as personagens poderiam usar, como elas se comunicariam, onde passeariam, sobre o que conversariam.
- Façam um desenho que represente essa história no lugar e na época que vocês escolheram.
- Mostrem o desenho aos colegas e deixem que eles adivinhem em qual conto vocês se basearam para criar a história. Feito isso, apresentem a eles os elementos em que vocês pensaram.

Bruna Assis Brasil/ID/BR

ACESSE O RECURSO DIGITAL

1 O texto abaixo foi publicado em um *site* na ocasião do lançamento do filme *Cinderela*. Leia-o e, em seguida, responda às questões.

http://www1.folha.uol.com.br/folhinha/2015/03/1604106-voce-sabe-por-que-a-cinderela-tem-esse-nome-veja-cena-do-n

Você sabe por que a Cinderela tem esse nome? Veja cena do novo filme

Walt Disney Co./Courtesy Everett Collection/Fotoarena

Você sabe **por que** uma das princesas da Disney leva o nome de Cinderela? O novo filme da personagem traz uma explicação.

A palavra seria uma junção de "cinder", que significa cinzas em inglês, com "Ella", o nome verdadeiro da jovem.

Na cena inédita do longa, divulgada pela empresa nesta segunda (16), o apelido surge **porque** as irmãs malvadas debocham do aspecto sujo da menina, que está coberta de pó da lareira [...]. A nova produção traz personagens interpretados por atores reais, inspirados na clássica animação de 1950.

Folha de S.Paulo. São Paulo, 17 mar. 2015. Suplemento infantil Folhinha. Disponível em: <http://www1.folha.uol.com.br/folhinha/2015/03/1604106-voce-sabe-por-que-a-cinderela-tem-esse-nome-veja-cena-do-novo-filme.shtml>. Acesso em: 5 jan. 2018.

a. A explicação sobre o nome de Cinderela como junção de "cinder" + "Ella" é apresentada:

- [ ] no livro de um especialista sobre as origens dos nomes.
- [ ] no filme inspirado na animação clássica dos anos 1950.

b. Justifique o uso de **por que** e **porque**, destacados no texto.

____

____

____

2 Complete os espaços em branco com **por que, porque, por quê** ou **porquê.**

a. Chapeuzinho Vermelho quer saber o ______________ de tudo!

b. O cão é um animal muito bem-sucedido. Vou pesquisar ______________ .

c. ______________________ cachorro late para os carros que passam?

______________________ ele não sabe buzinar.

3 **Releia este trecho da notícia da página 150 e circule o termo a quem o pronome destacado se refere.**

> Brian Hare, neurocientista especializado em cognição canina, e sua esposa, a cientista e jornalista Vanessa Woods, explicam como funciona a mente dos cães e contam por que **eles** podem ser mais inteligentes do que seus donos imaginam.

4 **Leia este texto do conto "Errando histórias", em que um avô narra para a neta a história de Chapeuzinho Vermelho de um jeito diferente.**

> — Era uma vez uma menina que se chamava Chapeuzinho Amarelo.
> — Não, Vermelho! [...]
> — Ah, é mesmo, Vermelho. Vá até a casa da tia Diomira para levar-lhe esta casca de batata.
> — Não: vá até a casa da vovó para levar-lhe esse bolinho.
> — Está bem. A menina andou pela floresta e encontrou uma girafa.
> — Que confusão! Encontrou um lobo, não uma girafa.

Errando histórias. Gianni Rodari. *Fábulas por telefone.* Tradução: Silvana Cobucci. São Paulo: Editora 34, 2018.

a. Em duplas, continuem o trecho a seguir usando o discurso indireto.

> Um avô, ao narrar a história de Chapeuzinho Vermelho para a neta, começou contando que havia uma menina chamada Chapeuzinho Amarelo. A neta discordou dizendo que...

b. Releia o trecho em discurso direto e compare-o ao reescrito em discurso indireto. Qual deles imprime mais fluidez e movimento à leitura? Por quê?

5 **Neste capítulo, você leu recontos de histórias de encantamento e até produziu um. Converse com os colegas e o professor: Qual é a importância de contar e recontar histórias?**

Saber Ser

Sugestões de leitura

Brinque Book/Arquivo da editora

Chapeuzinho Redondo, de Geoffroy de Pennart. Editora Brinque-Book.

Todos conhecem a história de Chapeuzinho Vermelho e os perigos que ela passou na floresta. Nessa nova versão do conto clássico, Chapeuzinho é uma menina muito audaciosa e destemida, enquanto sua vozinha é uma senhora bem moderna. Já o Lobo Mau nem é tão mau assim.

O fantástico mistério de Feiurinha, de Pedro Bandeira. Editora Moderna.

Quando Feiurinha desaparece sem deixar vestígios, as princesas dos contos de encantamento – entre elas Branca Encantado, Cinderela Encantado e Chapeuzinho Vermelho – convocam uma reunião urgente para descobrir seu real paradeiro, o que resulta numa história empolgante.

Moderna/Arquivo da editora

Ilustrações de Lane Smith/Editora Companhia das Letrinhas

A verdadeira história dos três porquinhos!, de Jon Scieszka. Editora Companhia das Letrinhas.

Qual é a verdadeira história dos três porquinhos? Nesse livro divertidíssimo, os leitores têm acesso a uma versão diferente da história, contada pelo Lobo, que afirma que toda a confusão não passa de um enorme mal-entendido.

História meio ao contrário, de Ana Maria Machado. Editora Ática.

"E viveram felizes para sempre..." é justamente a frase que dá início à história desse livro. Com ele, descobrimos o que acontece depois do final dos contos de encantamento e percebemos que, muitas vezes, ser feliz para sempre não é tão simples quanto parece.

Ática/Arquivo da editora

CAPÍTULO 6

Identidade e conflito: querer ser o que não é; desejar ter e não alcançar

Muitas vezes, nos sentimos confusos sobre quem somos e sobre o mundo em que vivemos. Passamos por muitos conflitos até entender o que queremos e o que nos faz sentir seguros. Neste capítulo, vamos conhecer algumas histórias em que as atitudes das personagens nos levam a refletir sobre a postura mais adequada em diferentes situações.

Observe esta imagem.

Marco Ugarte/AP Photo/Glow Images

- Quais objetos tipicamente humanos o animal mostrado na foto está usando?
- O modo como o cachorro está vestido sugere que tipo de tratamento do dono em relação ao animal? Explique.
- Você e sua família têm animal doméstico? Em caso afirmativo, qual?
- Em sua opinião, em que os animais são parecidos com os seres humanos?

Navegar na leitura

As fábulas são histórias que foram contadas e passadas de geração para geração e, depois, registradas por escrito. Elas são muito conhecidas no mundo inteiro e costumam apresentar animais como personagens.

- **Você conhece histórias em que as personagens são animais? Dê exemplos.**
- **Observe o alce na ilustração. O que será que ele está pensando?**

O alce e os lobos

A água do lago estava tão limpa que refletia as imagens da floresta como um espelho. Todos os animais que foram beber água viram seus reflexos. O urso e seu filhote pararam admirados, mas foram embora. E assim passou pelo lago uma porção de animais.

Até que chegou um bando de alces que se espalhou pelas margens. Um deles abaixou a cabeça para beber e parou, olhando para seus chifres:

— Que lindo **par de galhos**! Que maravilhosa é a minha imagem, com esta bonita cabeça!

De repente, o alce olhou para suas pernas, compridas e finas, e ficou triste:

— Mas que pernas horrorosas! Nunca tinha reparado na feiura das minhas pernas. Elas estragam a minha beleza.

Enquanto olhava para o seu corpo, uma **alcateia** de lobos ferozes foi chegando e espalhou o bando, que correu assustado.

> **Par de galhos:** par de chifres. O alce macho possui chifres que lembram os galhos de uma árvore.
> **Alcateia:** bando de lobos.

O alce correu para a mata e perdeu-se do bando.

No caminho, prendeu o chifre numa árvore e quase que foi devorado pelo lobo. Mas as suas pernas eram mais fortes e mais ligeiras do que as do lobo, que, cansado, desistiu de caçar o alce.

"Que susto!", pensou o alce, já fora de perigo. "Por causa desses chifres inúteis, quase perco a minha vida. Se não fossem as minhas pernas..."

Moral: Nem sempre a beleza resolve os problemas.

Jean de la Fontaine. *O alce e os lobos*. Adaptação de M. Carneiro. São Paulo: Melhoramentos, 1988.

Fabiana Faiallo/ID/BR

Ler para compreender

1 Descreva o lago retratado no início da fábula.

2 Após a descrição do lago, ocorre uma sequência de ações na história.

a. O que aconteceu quando um dos alces chegou à beira do lago? Como ele se sentiu nesse momento?

b. Em seguida, algo deixou o alce triste. O que o fez se sentir assim?

c. O que aconteceu de maneira inesperada que gerou um conflito na história?

d. Em que momento esse conflito atingiu seu ponto mais alto?

e. Diante desse conflito, o alce precisou agir de forma rápida. O que possibilitou que ele se salvasse?

3 Como o alce avalia as características de seu corpo antes e após o conflito vivido?

____

____

____

____

____

4 **No final da fábula, é apresentado um ensinamento.**

Fabiana Faiallo/ID/BR

a. Copie do texto a frase que resume o ensinamento dessa fábula.

____

____

b. Que palavra nomeia esse ensinamento?

____

c. Explique o ensinamento citando os acontecimentos da fábula.

____

____

____

____

____

5 **Ao longo da fábula, são utilizados recursos para diferenciar a voz do narrador da fala ou do pensamento do alce.**

a. Qual sinal de pontuação é utilizado para indicar as falas da personagem?

____

b. Qual recurso é utilizado para indicar o pensamento da personagem?

____

6 Leia os dois trechos a seguir.

Até que chegou um bando de alces que se espalhou pelas margens. Um deles abaixou a cabeça para beber e parou, olhando para seus chifres:

— Que lindo par de galhos! Que maravilhosa é a minha imagem, com esta bonita cabeça!

De repente, o alce olhou para suas pernas, compridas e finas, e ficou triste:

— Mas que pernas horrorosas! Nunca tinha reparado na feiura das minhas pernas. Elas estragam a minha beleza.

Fabiana Faiallo/ID/BR

Até que chegou um bando de alces que se espalhou pelas margens. Um deles abaixou a cabeça para beber e parou, olhando para seus chifres e dizendo que eles eram um lindo par de galhos, que sua imagem era maravilhosa e sua cabeça, bonita.

De repente, o alce olhou para suas pernas, compridas e finas, e ficou triste, pois nunca havia reparado como elas eram horrorosas e que estragavam sua beleza.

a. Os dois trechos apresentam diferenças de sentido? E no modo como é retratada a fala da personagem? Explique.

____

____

____

____

____

b. Em qual dos dois trechos o leitor tem maior possibilidade de perceber os sentimentos da personagem? Por quê?

____

____

____

7 Existem pessoas no seu dia a dia que se comportam ou se sentem como o alce? Converse com os colegas.

Caminhos da língua

Conjunção

1 **Releia este trecho retirado da fábula.**

Fabiana Faiallo/ID/BR

> Até que chegou um bando de alces que se espalhou pelas margens. Um deles abaixou a cabeça para beber e parou, olhando para seus chifres.

a. Depois que chega à margem do lago, quais ações o alce realiza?

____

b. Qual dessas ações ele realiza para poder beber a água?

____

c. Qual das ações indica o momento em que o alce começa a dar atenção aos seus chifres? Assinale com um **X** a alternativa correta.

- [ ] A ação de abaixar a cabeça.
- [ ] A ação de chegar.
- [ ] A ação de parar.

d. No trecho, os verbos **beber** e **parar** são unidos por uma palavra. Que palavra é essa?

____

e. Que ideia essa palavra expressa?

- [ ] Soma de ações.
- [ ] Explicação de uma ação.
- [ ] Oposição de ações.

2 **Agora, releia este outro trecho da fábula.**

> O urso e seu filhote pararam admirados, mas foram embora.

a. Releia o início da fábula e responda: Por que os ursos ficaram admirados?

____

____

b. Diante da admiração dos ursos, o que se esperava que eles fizessem?

- [ ] Esperava-se que eles observassem suas imagens de modo mais atento e vaidoso.
- [ ] Esperava-se que eles observassem rapidamente suas imagens refletidas e fossem embora.

c. Quais são as ações realizadas pelos ursos?

____

d. Qual palavra estabelece a relação entre as duas ações realizadas pelos ursos? Circule-a.

e. Essa palavra expressa que ideia?

- [ ] explicação
- [ ] tempo
- [ ] oposição
- [ ] condição

f. Essa palavra poderia ser substituída por quais termos a seguir sem alterar seu sentido?

- [ ] porque
- [ ] quando
- [ ] entretanto
- [ ] porém
- [ ] como
- [ ] contudo

Os termos que usamos para ligar palavras ou frases são chamados **conjunções**. As conjunções auxiliam na organização e na construção de sentidos do texto. Elas estabelecem relações como adição, oposição, tempo, causa, condição, finalidade, comparação, entre outras.

3 **As frases a seguir apresentam situações relacionadas à fábula "O alce e os lobos". Complete os espaços usando as conjunções do quadro abaixo.**

e	enquanto	ou	mas

a. ______________ o alce olhava para o seu corpo, uma alcateia de lobos ferozes chegou ______________ espalhou o bando de alces, que correu assustado.

b. O alce chegou ao lago com um bando, ______________ se perdeu dele quando correu para a mata.

c. O alce precisava correr velozmente ______________ seria alcançado pelos lobos.

4 Ligue cada uma das conjunções à ideia expressa por ela.

para	adição
e	condição
se	causa
enquanto	finalidade, objetivo
ou	oposição
pois	comparação
mas	tempo
como	alternância

5 Leia a tira a seguir e responda às questões.

Alexandre Beck. Disponível em: <https://tirasarmandinho.tumblr.com/>. Acesso em: 24 out. 2017.

a. No primeiro quadrinho é feita uma afirmação. As falas do segundo quadrinho confirmam essa afirmação? Explique.

____

____

b. Cite uma conjunção utilizada no segundo quadrinho. O que essa conjunção indica?

____

____

Olá, oralidade

Júri simulado

A seguir, você vai ler duas versões da famosa fábula que conta a história da cigarra e das formigas. A primeira versão é de Esopo e a segunda, de Monteiro Lobato.

Após a leitura dos textos, a turma formará um júri para avaliar em qual deles o comportamento das formigas foi mais adequado.

Texto 1

A cigarra e as formigas

Num belo dia de inverno as formigas estavam tendo o maior trabalho para secar suas reservas de trigo. Depois de uma chuvarada, os grãos tinham ficado completamente molhados. De repente, aparece uma cigarra:

— Por favor, formiguinhas, me deem um pouco de trigo! Estou com uma fome danada, acho que vou morrer.

As formigas pararam de trabalhar, coisa que era contra os princípios delas, e perguntaram:

— Mas por quê? O que você fez durante o verão? Por acaso não se lembrou de guardar comida para o inverno?

— Para falar a verdade, não tive tempo — respondeu a cigarra. — Passei o verão cantando!

— Bom... Se você passou o verão cantando, que tal passar o inverno dançando? — disseram as formigas, e voltaram para o trabalho dando risada.

Esopo. Disponível em: <http://www.dominiopublico.gov.br/download/texto/me001614.pdf>. Acesso em: 24 out. 2017.

Fabiana Faiallo/ID/BR

Texto 2

A formiga boa

Houve uma jovem cigarra que tinha o costume de chiar ao pé de um formigueiro. Só parava quando cansadinha; e seu divertimento então era observar as formigas na eterna **faina** de abastecer as **tulhas**.

Mas o bom tempo afinal passou e vieram as chuvas. Os animais todos, arrepiados, passavam o dia cochilando nas tocas.

A pobre cigarra, sem abrigo em seu galhinho seco e metida em grandes apuros, **deliberou** socorrer-se de alguém.

Manquitolando, com uma asa a arrastar, lá se dirigiu para o formigueiro. Bateu — tique... tique... tique...

Aparece uma formiga friorenta, embrulhada num xalinho de **paina**.

— Que quer? — perguntou, examinando a triste mendiga suja de lama e a tossir.

— Venho em busca de agasalho. O mau tempo não cessa e eu...

A formiga olhou-a de alto a baixo.

— E que fez durante o bom tempo, que não construiu sua casa?

A pobre cigarra, toda tremendo, respondeu depois de um acesso de tosse.

— Eu cantava, bem sabe...

— Ah!... — exclamou a formiga recordando-se. — Era você então quem cantava nessa árvore enquanto nós **labutávamos** para encher as tulhas?

— Isso mesmo, era eu...

— Pois entre, amiguinha! Nunca poderemos esquecer as boas horas que sua cantoria nos proporcionou. Aquele chiado nos distraía e aliviava o trabalho. Dizíamos sempre: que felicidade ter como vizinha tal cantora! Entre, amiga, que aqui terá cama e mesa durante todo o mau tempo.

A cigarra entrou, sarou da tosse e voltou a ser a alegre cantora dos dias de sol.

Monteiro Lobato. *Fábulas*. São Paulo: Globo, 2008. p. 12.

Fabiana Faiallo/ID/BR

Faina: trabalho.
Tulha: local onde se armazenam grãos.
Deliberar: decidir.
Manquitolar: mancar.
Paina: tipo de fibra vegetal.
Labutar: trabalhar.

Orientações para a produção

Você vai fazer parte de um júri, como em tribunais de verdade, que julgará um acontecimento polêmico. Ao longo da seção de julgamento, devem ser apresentados diferentes pontos de vista sobre o tema, para que todos os participantes reflitam sobre os fatos e cheguem a uma conclusão final.

Mas, antes de formar o júri simulado, é importante que cada integrante se prepare. Para isso, faça as atividades abaixo.

1 Complete os quadros de acordo com os textos.

Texto 1

Estação do ano	O que fez a cigarra?	O que fizeram as formigas?
Verão		
Inverno		

Ilustrações: Fabiana Faiallo/ID/BR

Texto 2

Estação do ano	O que fez a cigarra?	O que fizeram as formigas?
Bom tempo		
Mau tempo		

2 Qual é o sentido da palavra **princípios** neste trecho do texto **1**: "As formigas pararam de trabalhar, coisa que era contra os princípios delas"? Assinale a alternativa adequada.

☐ início, começo ☐ causas, fontes ☐ regras, valores

3 No texto **1**, as formigas dizem à cigarra: "— Bom... Se você passou o verão cantando, que tal passar o inverno dançando?".

- O que essa frase revela sobre a atitude das formigas em relação à cigarra?

____

____

____

Fabiana Faiallo/ID/BR

4 No texto **2**, durante a estação quente, a cigarra ajudou as formigas? Explique.

____

____

5 Qual moral se encaixa no texto **1**?

- [ ] Quem avisa amigo é.
- [ ] Devagar se vai ao longe.
- [ ] Prepare-se para o amanhã.

6 Qual moral se encaixa no texto **2**?

- [ ] Uma mão lava a outra.
- [ ] O prevenido vale por dois.
- [ ] Antes só do que mal acompanhado.

Preparação da fala

1. Formem grupos de acordo com as funções que compõem um júri e atentem para o que deve ser estudado com antecedência.

Juiz: deve apresentar oralmente o resumo dos acontecimentos e o motivo do julgamento. Ele coordenará as falas de advogados e testemunhas e, após a votação dos jurados, fará a declaração do veredito, ou seja, dará a decisão final.

Jurados: ouvirão o processo e, no final, darão o veredito.

Grupo de advogados 1: defenderão a atitude das formigas do texto **1**.

Grupo de advogados 2: defenderão a atitude das formigas do texto **2**.

Testemunhas: darão depoimentos favoráveis ou contrários às situações.

2. Os grupos de advogados **1** e **2** devem organizar as falas para defender a atitude das formigas de cada um dos textos, com base nos fatos neles

narrados. Devem também combinar com as testemunhas os depoimentos que elas darão.

Fabiana Faiallo/ID/BR

3. Os jurados não falam no dia do júri, mas devem estudar e analisar as situações com atenção e discutir entre si o veredito final.
4. É importante que a postura na hora de cada fala seja adequada. A linguagem mais indicada para esse contexto é a formal.
5. Fale pausadamente quando for algo importante e use diferentes tons de voz para destacar algum fato.
6. Todos precisam treinar suas falas, mas podem usar um papel com anotações como apoio.
7. Importante: não interrompa quando um advogado ou uma testemunha estiver falando. Ouça-o com atenção e, se quiser fazer alguma pergunta, levante a mão e espere o juiz autorizá-lo a perguntar.

O júri simulado

Para a realização do júri simulado, sigam as etapas abaixo.

1. A seção de julgamento se inicia com a apresentação da fala do juiz.
2. Os dois grupos de advogados apresentam sua defesa, um de cada vez.
3. As testemunhas são chamadas para depor, uma de cada vez.
4. Terminada a fala de todos, os jurados se reúnem e votam. Eles mesmos devem contar os votos e comunicar o resultado ao juiz.
5. Ao final, o juiz diz a todos o veredito.

Avaliação

Avaliem o júri simulado com base nas questões a seguir.

- **O juiz apresentou o caso de forma que todos compreendessem as situações?**
- **Os grupos de advogados mostraram razões convincentes para defender seus pontos de vista?**
- **As testemunhas contribuíram para a defesa dos advogados?**
- **Os jurados chegaram a uma decisão com base nos fatos apresentados?**

Estudo do dicionário

Explorando o verbete de dicionário

Quando consultamos um dicionário, normalmente procuramos pela definição de uma palavra. No entanto, os dicionários também trazem outras informações. Veja alguns exemplos nas atividades que seguem.

1 Leia a fábula "O Asno e o Leão".

O Asno e o Leão

O Asno, simplório e ignóbil, encontrou-se com o Leão em um caminho e, presunçoso, atreveu-se dizendo:

— Saia do meu caminho e vá embora.

O Leão parou, verificando esse desatino e ousadia, mas prosseguiu seu caminho, dizendo:

— Seria muito fácil matar e desfazer-me deste imbecil; porém não quero nem sujar meus dentes, nem minhas unhas, em carne tão bestial e fraca.

Assim passou, sem fazer caso do Asno.

Fabiana Faiallo/ID/BR

Esopo. Disponível em: <www.dominiopublico.gov.br/download/texto/ea000378.pdf>. Acesso em: 24 out. 2017.

a. Nessa fábula, um asno age de forma inusitada em relação a um leão. O asno é classificado como ignóbil. Observe as definições dessa palavra no dicionário.

ignóbil
<ig.nó.bil> (pl. *ignóbeis*)
adj.2g. **1** Que causa repugnância, especialmente se for estética.
adj.2g./s.2g. **2** Que ou quem tem pouco caráter ou comportamento baixo.

Dicionário didático. São Paulo: SM, 2009. p. 435.

- Por que o narrador qualifica o asno como ignóbil?

______

______

______

b. Qual das duas definições do verbete explica o adjetivo **ignóbil** aplicado ao asno? Sublinhe-a.

2 O verbete mostra que **ignóbil** pode exercer diferentes funções, indicadas pelas abreviações **adj.** e **s.**, relativas a **adjetivo** e a **substantivo**, respectivamente. Nas frases a seguir, indique a função que a palavra **ignóbil** exerce.

a. A ação **ignóbil** terminou com dois feridos. ______________________

b. O **ignóbil** não teve coragem de confessar seu ato. ______________________

c. Além de mentirosa, a personagem foi **ignóbil**. ______________________

3 Analise as duas frases a seguir, prestando atenção no gênero (masculino ou feminino) das palavras destacadas.

Ao desafiar o leão, o **asno** ignóbil agiu de forma imprudente.

A ignóbil **raposa** elogiou o canto do corvo para tomar-lhe o queijo.

Fabiana Faiallo/ID/BR

a. Qual é o gênero dos substantivos **asno** e **raposa**?

____

b. O adjetivo **ignóbil**, quando ligado aos substantivos **asno** e **raposa**, sofre alguma variação?

____

c. Levante hipóteses sobre o significado da abreviação "2g." que aparece no verbete **ignóbil**.

4 Que informação relacionada à palavra **ignóbil** aparece entre os símbolos **< >** no verbete de dicionário?

____

5 Considerando as respostas anteriores, além da definição da palavra, que outras informações o verbete de dicionário apresenta sobre o termo **ignóbil**?

____

____

____

Dando asas à produção

Verbete de dicionário

Como será que um dicionário é elaborado? Os vários significados das palavras de um dicionário são obtidos por meio de pesquisa e, de tempos em tempos, novas palavras são incorporadas a ele.

O que vou produzir

Que tal você e os colegas produzirem um dicionário que circulará entre as famílias da turma e depois será doado à biblioteca da escola?

Para isso, primeiro vocês farão uma pesquisa. Cada aluno entrevistará um adulto e perguntará a ele o significado de algumas palavras.

Após essa pesquisa, vocês produzirão verbetes que vão compor o dicionário da turma.

Orientações para a produção

1. Organizem-se em oito grupos. Cada grupo trabalhará com uma das duplas de palavras a seguir.

Grupo 1	Grupo 2	Grupo 3	Grupo 4
gênio	sonho	série	farol
lanterna	rolo	sinal	manga

Grupo 5	Grupo 6	Grupo 7	Grupo 8
banco	joia	peça	caixa
estrela	cidade	carteira	dama

2. A tarefa de cada grupo é produzir verbetes de dicionário com base nos conhecimentos da pessoa que vocês escolheram para entrevistar.

3. Ao conversar com essa pessoa, peça a ela que diga qual é o significado das duas palavras pelas quais seu grupo ficou responsável. Solicite a ela que explique os significados que conhece, sem consultar um dicionário. Anote as respostas dadas para cada palavra.

4. Na sala de aula, reúna-se com seu grupo e verifiquem se os significados que vocês anotaram são semelhantes ou diferentes.

5. Em uma folha de papel avulsa, façam um rascunho, escrevendo todos os significados diferentes encontrados para cada palavra e registre apenas uma vez os que forem semelhantes. Lembrem-se

Guilherme Franco/ID/BR

de indicar a divisão silábica, o plural, o gênero e a função da palavra definida (se é substantivo, adjetivo, verbo, entre outros) e de numerar cada significado.

Avaliação e reescrita

Releiam os verbetes e pintem **sim** ou **não** para cada uma das questões a seguir.

1. Os significados das palavras correspondem às respostas dadas pelos entrevistados?	Sim	Não
2. As indicações relativas à divisão silábica, ao plural, ao gênero e à função das palavras definidas estão corretas?	Sim	Não
3. A pontuação e a ortografia foram empregadas corretamente?	Sim	Não

Retomem o texto e corrijam o que for necessário. Depois, passem a limpo os verbetes, escrevendo cada um em uma folha de papel. Façam também uma ilustração para cada verbete.

Na sequência, organizem, em ordem alfabética, as 16 folhas.

Elaborem as outras partes do dicionário e montem-no na ordem indicada a seguir.

- **Capa:** deve conter o título do dicionário e a identificação da turma. Se possível, fazê-la em cartolina.
- **Folha de rosto:** deve apresentar o título do dicionário, o nome da escola, a identificação da turma, o ano em que foi produzido, o nome dos alunos (que são os autores do dicionário) e o nome dos colaboradores (ou seja, das pessoas entrevistadas).
- **Folhas com os verbetes ilustrados.**
- **Contracapa:** deixar em branco. Se possível, fazê-la em cartolina.

Com a supervisão do professor, grampeiem as folhas ou façam dois furos na lateral esquerda delas e una-as com barbante.

Guilherme Franco/ID/BR

Circulação do texto

Quando finalizarem a confecção do dicionário, combinem de levá-lo para casa e mostrá-lo ao entrevistado e aos familiares. Quando o livro voltar à escola, será a vez do próximo aluno de levá-lo para casa. Depois que todas as famílias e entrevistados tiverem apreciado o dicionário, ele poderá ser doado à biblioteca da escola para que outros alunos o consultem.

Navegar na leitura

ACESSE O RECURSO DIGITAL

Não é somente nas fábulas que os animais aparecem. Observe os textos a seguir.

Texto 1

canção para ninar gato com insônia

zz
zz

zzz
zz
zz

zzz
zz
zz

ron ron ron ron ron ron ron ron ron ron ron ron ron ron

ron
ron
ron

ron
ron
ron

ron ron ron ron ron ron ron ron ron ron ron ron ron ron ron ron

Sérgio Capparelli/L&PM

Sérgio Capparelli. *111 poemas para crianças*. Porto Alegre: L&PM, 2010.

Texto 2

zig e zag saíram

Sérgio Capparelli/Acervo do artista

sem direção

é por aqui

por aqui, não

e sumiram no horizonte

sem chegar à conclusão

Sérgio Capparelli e Ana Cláudia Gruszynski. *Poesia visual*. São Paulo: Global, 2010.

Ler para compreender

1 Responda às questões sobre o texto **1**.

a. Que imagem é formada pelo texto?

____

b. Leia o título do poema. O que significa estar com insônia?

____

c. Quais são as onomatopeias do texto? Que som elas representam?

____

____

____

Fabiana Faiallo/ID/BR

d. Qual é a relação entre as onomatopeias e o título do poema?

____

____

2 Responda às questões sobre o texto **2**.

a. As palavras **zig** e **zag** formam que imagens?

____

b. Explique como essas palavras estão dispostas no poema para formar essas imagens.

____

____

____

c. As palavras **zig** e **zag** fazem referência a qual outra palavra?

____

d. Relacione a posição dos peixes na imagem com a palavra referenciada.

____

____

3 O texto **2** conta uma breve história.

Fabiana Faiallo/ID/BR

a. Quem são as personagens dessa história?

b. Uma das partes do texto representa a fala das personagens. Identifique e copie a fala de cada peixe.

c. Considerando as imagens, o sentido da palavra **zigue-zague** e as falas dos peixes, responda: Qual situação está sendo representada no texto?

4 Agora, você vai ler a versão digital do texto **2**. Para isso, acesse o *site* <http://www.ciberpoesia.com.br/ciber_zigue.htm>. Depois, responda às questões a seguir.

ACESSE O RECURSO DIGITAL

a. Um poema digital é um ciberpoema. Quais as diferenças entre o texto **2** (poema impresso) e o ciberpoema que você acessou?

b. De qual das duas versões você mais gostou? Por quê?

5 Observando cada um dos poemas, é possível perceber que um deles sugere movimento e o outro sugere imobilidade. Qual dos poemas se relaciona com cada uma dessas situações? Explique sua resposta.

O **poema visual** é diferente do poema tradicional (composto de versos e estrofes). No poema visual, o autor usa palavras e imagens e estabelece uma relação de sentido entre elas.

Dando asas à produção

Poema visual

Neste capítulo, você estudou os gêneros fábula e poema visual. Nele, você conheceu histórias com animais como personagens em diferentes situações conflituosas e também representados em poemas visuais criativos.

Agora, utilize os conhecimentos adquiridos para produzir um poema visual.

O que vou produzir

Escolha uma fábula para representá-la por meio de um poema visual. Quando os poemas estiverem prontos, eles serão expostos em um espaço da escola, no qual serão compartilhadas também as fábulas.

Para realizar essa produção de texto, leia os passos a seguir.

Orientações para a produção

Fabiana Faiallo/ID/BR

1. Pesquise em livros ou em *sites* algumas fábulas. Selecione uma delas para você representar em forma de poema visual.
2. Estude a fábula escolhida com atenção. Faça a leitura do texto várias vezes e interprete os sentidos dele. Observe quem são as personagens, a situação inicial, o conflito a ser resolvido, o ponto máximo de tensão e o desfecho. Para ajudá-lo nessa tarefa, complete o quadro a seguir.

Título da fábula	
Personagens	
Situação inicial	
Conflito	
Ponto máximo de tensão	
Desfecho	
Moral	

3. Após o estudo da fábula, anote no caderno os elementos mais interessantes para serem representados em um poema visual.

4. Analise esses elementos e decida qual é a melhor maneira de combiná-los. Lembre-se de que o poema visual precisa ter relação com o sentido da fábula, fazendo o leitor reconhecer a história representada.
5. Para compor o poema, você poderá usar imagens e palavras ou organizar as palavras de modo que seja formada uma imagem.
6. Após elaborar o poema, copie-o em uma folha à parte. Se preferir, combine com o professor a utilização de outro material, por exemplo, cartolina. Como o poema será exposto, é importante que ele seja legível a certa distância. Portanto, utilize letras grandes e traços bem visíveis.
7. O poema pode ser colorido ou não. Use esse artifício de modo que ele tenha relação com o conteúdo expresso.

Avaliação e reescrita

Marque **sim** ou **não** para cada uma das questões a seguir. Se preferir, faça outras observações que ajudem a aprimorar o texto.

1. O poema está legível?	Sim	Não
2. O poema está bem distribuído na folha?	Sim	Não
3. Ao ler o poema, é possível identificar qual é a fábula representada?	Sim	Não
4. O poema apresenta relação de sentido entre imagem e palavras?	Sim	Não

Circulação do texto

Para expor os poemas visuais e divulgar as fábulas, planejem com o professor o "Dia da fábula". Em data e horário combinados, organizem um "Cantinho da fábula", ou seja, um espaço em que vários livros e materiais relacionados ao gênero serão expostos para leitura de todos. Componham a ambientação desse cantinho com os poemas visuais produzidos.

Fabiana Faiallo/ID/BR

Caminhos da língua

Acentuação das palavras paroxítonas e proparoxítonas

1 Leia as palavras deste quadro. Em seguida, responda às questões.

amigo – nível – mesa – bônus – revólver – fórceps – felicidade – éden
adorável – quente – pólen – tórax – bíceps – júri – fênix – vírus – ímpar

a. Em relação à sílaba tônica, o que essas palavras têm em comum?

____

b. Ao observar a classificação das palavras quanto à sílaba tônica e a terminação das que apresentam acento gráfico, o que é possível deduzir?

____

____

2 Observe a tira a seguir.

Laerte. Disponível em: <http://fotografia.folha.uol.com.br/galerias/27434-tiras-de-laerte#foto-556700>. Acesso em: 24 out. 2017.

a. O que a pergunta feita pelo pássaro no último quadrinho revela?

____

____

b. Encontre duas palavras proparoxítonas na tira. Em relação à acentuação, o que essas palavras têm em comum?

____

As palavras **paroxítonas** terminadas em **l**, **r**, **n**, **x**, **ps**, **ã**, **ãs**, **ão**, **ãos**, **um**, **uns**, **om**, **ons**, **us**, **i**, **is** e **ditongo oral** seguido ou não de **s** são acentuadas.

Todas as palavras **proparoxítonas** são acentuadas.

Jogos e brincadeiras

Na trilha do formigueiro

Ajude a formiga a levar o grão de trigo até o formigueiro. Para isso, acentue corretamente as palavras.

Leandro Lassmar/ID/BR

Aprender sempre

ACESSE O RECURSO DIGITAL

1 Leia a fábula a seguir e responda às questões.

A raposa e as uvas

A raposa vinha pela estrada quando viu uma **parreira** carregada de **suculentas** uvas vermelhas.

"Essas uvas já estão no papo" — pensou.

Doce ilusão. A raposa tentou de tudo, mas os cachos estavam tão altos que não conseguiu apanhar um **bago** que fosse.

Matreira, ela comentou para quem quisesse ouvir:

— Reparando bem, essas uvas estão muito verdes. Raposas não comem uvas verdes, pois dão dor de barriga.

E foi embora.

Quando já tinha percorrido algumas léguas, um vento forte começou a soprar. Então a raposa voltou depressinha e pôs-se a farejar o chão em busca de bagos de uva.

Quem desdenha quer comprar.

Fabiana Faiallo/ID/BR

Parreira: planta que produz uva.
Suculento: que tem muito suco.
Bago: cada uma das uvas que formam um cacho.
Matreiro: esperto, astuto.

Jean de la Fontaine. *Fábulas de Esopo*. Adaptação de Lúcia Tulchinski. São Paulo: Scipione, 1998. p. 18.

a. Na fábula, ao ver as uvas, a raposa pensa que elas estão no papo. A expressão "estar no papo" costuma ser usada no sentido figurado. O que essa expressão quer dizer?

____

____

b. Tendo em vista o contexto em que é usada, essa expressão também pode fazer referência a seu sentido literal? Explique.

____

____

____

2 As uvas estavam mesmo no papo, isto é, a raposa conseguiu alcançar as uvas? Explique.

____

____

3 Releia este trecho da fábula.

> — Reparando bem, essas uvas estão muito verdes. Raposas não comem uvas verdes, pois dão dor de barriga.

a. Que adjetivo é atribuído à palavra **uvas** no trecho acima? E no primeiro parágrafo?

b. Por que será que no trecho acima a raposa diz que as uvas estão verdes? Converse com os colegas e o professor.

c. Nesse trecho, há uma conjunção. Circule-a.

d. Que ideia essa conjunção expressa?

☐ oposição ☐ explicação ☐ adição ☐ finalidade

e. Cite outra conjunção que poderia substituir essa sem alterar seu sentido.

4 Releia a frase a seguir, retirada da fábula.

> Quando já tinha percorrido algumas **léguas**, um vento forte começou a soprar.

Fabiana Faiallo/ID/BR

- Explique por que a palavra **léguas** é acentuada.

5 Releia a moral da história. O que você entendeu dela?

6 As fábulas são narrativas em que os animais agem e pensam como seres humanos. Além disso, elas apresentam uma moral, que é um ensinamento. Pensando nisso, por que as fábulas, mesmo escritas há muito tempo, ainda fazem sentido nos dias de hoje? Converse com os colegas.

Saber Ser

Vamos compartilhar!

Produção e exposição de poemas visuais

No capítulo 5, você leu e produziu versões para contos de encantamento. No capítulo 6, produziu poemas visuais a partir de fábulas. Agora, você criará poemas visuais com base nos recontos produzidos no capítulo 5.

Sua turma organizará uma exposição com essas produções. Elas poderão compor um mural ou um varal e ser expostas em um local que possa ser visitado por pessoas da comunidade. Se possível, façam a exposição fora da escola, como em uma biblioteca pública, no saguão de um prédio, em um parque, etc.

Preparação dos poemas

1. Junte-se novamente ao colega com quem você formou dupla na produção do reconto de encantamento do capítulo 5 (página 145) e retomem o texto criado.

2. Releiam a história e sigam estas orientações.

Leandro Lassmar/ID/BR

- Anotem no caderno os elementos mais interessantes do reconto para serem representados em um poema visual. Decidam se no poema vocês farão referência à história como um todo ou a apenas uma cena dela.
- Lembrem-se de que o poema visual precisa ter relação com o texto usado como base, permitindo ao leitor reconhecer a história representada.
- Para fazer o poema, a dupla poderá usar imagens e palavras ou organizar as palavras de modo que seja formada uma imagem.
- Antes de passar o texto a limpo para expô-lo na mostra, façam uma avaliação dele e reescrevam o que for necessário.

Poemas animados

Os poemas criados poderão também ganhar uma versão animada, caso seja possível usar recursos multimídia que permitam que imagens, letras, palavras ou outras formas que compõem o poema ganhem movimento, som, cores, etc.

Caso seja feita a versão animada, será preciso prever, com o professor, o uso das ferramentas adequadas para produzir esses trabalhos.

Montagem da exposição e apresentação dos trabalhos

3. Depois de escolher o local da exposição, providenciem o que for preciso para montar o mural ou o varal. Exponha o poema visual ao lado do reconto de encantamento que serviu de base à produção. Coloquem também as fábulas e os poemas visuais produzidos a partir delas (página 182).

4. Combinem com o professor de que modo a mostra será divulgada: se por meio de cartaz, convite ou fôlder. Ao produzir esses materiais, lembrem-se de informar o local da mostra, a duração dela e o horário de visitação. Se a exposição contar com versões animadas dos poemas, será preciso marcar um horário específico para apresentar os trabalhos ao público.

5. Preparem um livro de visitas para que os convidados da mostra possam escrever suas impressões sobre os poemas visuais apresentados. Depois, leiam as observações e conversem sobre elas com os colegas.

Avaliação

Ao término da exposição, avaliem a atividade.

- **Gostei de ter participado da escrita do poema visual e de tê-lo divulgado em uma exposição? Comente.**
- **Como foi a execução da exposição? Todos os alunos se envolveram na proposta?**
- **Você mudaria algo no modo como os trabalhos foram organizados? Em caso afirmativo, o quê?**

Sugestões de leitura

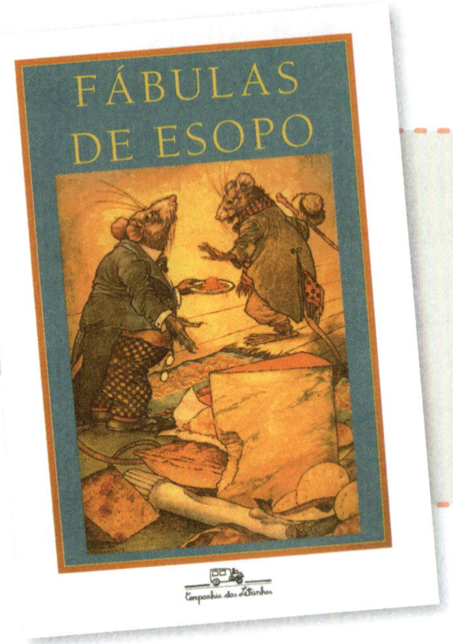

Capa de Nielsen-O'Brien/Editora Companhia das Letrinhas

***Fábulas de Esopo*, de Russell Ash e Bernard Higton. Tradução de Heloisa Jahn. Editora Companhia das Letrinhas.**
Edição com as clássicas fábulas de Esopo ilustradas. São 53 histórias, sendo algumas bem conhecidas, como "A cigarra e a formiga", "O lobo e o cordeiro" e "A raposa e as uvas".

***A lua dentro do coco*, de Sérgio Capparelli. Editora Projeto.**
Poema que conta a história de um macaquinho com um desejo diferente. O livro explora de forma inteligente e expressiva aspectos visuais da linguagem.

Projeto/Arquivo da editora

Berlendis & Vertecchia/Arquivo da editora

***A famosa invasão dos ursos na Sicília*, de Dino Buzzati. Tradução de Nilson Moulin. Berlendis & Vertecchia Editores.**
Ambientado na Sicília, famosa ilha italiana, o livro conta as aventuras de um grupo de ursos liderado pelo rei Leôncio. Juntos, eles têm de resgatar o caçula do bando, que foi capturado por caçadores. A linguagem do autor mistura prosa e poesia.

CAPÍTULO 7
Defender ideias

Expor ideias e defendê-las faz parte de nossas atividades diárias nos mais diversos contextos. Fazemos isso frequentemente quando interagimos com outras pessoas.

Neste capítulo, você vai ler textos que têm como principal característica a defesa de um ponto de vista. Para começar, observe, na foto abaixo, Marley Dias que, com apenas doze anos, iniciou um movimento que defende a necessidade de se publicarem mais livros com personagens negras.

Dia Dipasupil/Getty Images

Marley Dias em um encontro de mulheres influentes organizado pela revista estadunidense *Forbes*. Nova York (EUA), 2017.

- **Você já conversou com alguém de opinião diferente da sua?**
- **Em conversas assim, você teve de explicar por que pensava diferente?**
- **Em um debate ou uma conversa cotidiana, em algum momento você percebeu que lhe faltaram informações para defender ou explicar o que pensava?**
- **De que maneiras as pessoas podem se preparar para melhor defender suas opiniões?**

Navegar na leitura

No dia a dia nos deparamos com textos jornalísticos que, além de divulgar fatos e acontecimentos, transmitem também opiniões, ora de maneira explícita, ora implícita. Por isso, é preciso ler prestando atenção nos elementos e nas informações que o texto traz, para tentar perceber se ele é confiável ou não.

- Leia os títulos dos dois textos desta seção. O que há em comum em relação ao tema que será tratado neles?
- É possível perceber, antes da leitura dos textos, se eles trazem informações confiáveis?

Texto 1

Uso do celular e de *tablets* deve ter regras estabelecidas pelo colégio

Pais devem conhecer as regras das escolas sobre o uso pessoal de aparelhos eletrônicos em sala de aula e estimular o uso pedagógico da tecnologia em casa

Cadernos, livros, lápis, borracha... e telefone celular. O aparelho eletrônico não é item obrigatório da lista do material escolar, mas são raros os estudantes que não o carregam na mochila. Enquanto a tecnologia fortalece a presença na proposta pedagógica das escolas, os especialistas alertam para as consequências dos momentos nos quais o vaivém dos dedos na telinha não tem relação com os estudos.

wavebreakmedia/Shutterstock.com/ID/BR

Atender o telefone ou trocar mensagens por aplicativos e redes sociais durante a aula provoca distração e pode ter reflexo no boletim. Por isso, as escolas devem ter regras claras para o uso pessoal de aparelhos eletrônicos – e cabe também aos pais abordar o assunto com os estudantes antes do início do ano letivo.

— É preciso lembrar que, na sala de aula, não se pode falar no celular, tem de deixá-lo no silencioso. Se o aluno sai da sala de aula para atender ligações, provoca confusão. Os aparelhos eletrônicos fazem parte de uma nova maneira de se relacionar. Dentro disso, os pais devem orientar que a escola tem regras, algumas mais rígidas, que precisam ser seguidas – explica a professora Luciane Magalhães Corte Real, que coordena o curso de especialização em Psicopedagogia e Tecnologias da Informação e Comunicação da Faculdade de Educação da UFRGS.

Monkey Business Images/Shutterstock.com/ID/BR

Fazer o autocontrole do uso dos dispositivos móveis pode ser uma tarefa difícil até mesmo para os adultos, explica a professora de Psicologia da PUC-RS Carolina Lisboa – e é por isso que o controle externo ajuda. A psicóloga recomenda que os pais se informem sobre as regras da escola para o uso da tecnologia. Caso o colégio não as tenha, é preciso solicitar que sejam criadas – e, se possível, cooperar nesse processo.

Ao abordar o assunto com os jovens, recomenda-se cuidado para não cair no discurso nostálgico do "antigamente é que era bom". Os aparelhos eletrônicos oferecem ferramentas úteis para a formação de crianças e adolescentes.

— Certos pais acreditam que a tecnologia é inimiga. É preciso acompanhar o que os filhos estão fazendo no celular e no *tablet*. Muitas vezes são coisas produtivas, como trabalhos em grupo. É preciso enxergar a tecnologia de maneira amigável para se aliar aos filhos e poder orientá-los sobre uso adequado – diz Luciane.

Mesmo quando estão participando de redes sociais ou de jogos, o desenvolvimento pedagógico pode estar sendo estimulado.

— As crianças e adolescentes vão participar de redes sociais e jogar jogos eletrônicos, assim como os adultos também vão jogar *on-line*. E isso pode ser bom. Não há como fugir disso. Como todo comportamento, em excesso, é ruim, se eu abdicar de outras interações para me comunicar apenas pelo celular – exemplifica Carolina.

Portal GaúchaZH. Caderno Educação e Emprego. Disponível em: <https://gauchazh.clicrbs.com.br/educacao-e-emprego/noticia/2016/01/uso-do-celular-e-de-tablets-deve-ter-regras-estabelecidas-pelo-colegio-4959770.html>. Acesso em: 20 maio 2018.

Texto 2

Estudo mostra que aparelhos tecnológicos atrapalham na escola

A distração causada pelos aparelhos dificulta aprendizado

Notebooks, *tablets* e celulares estão cada vez mais presentes na sala de aula, mas se isso é bom ou não ainda gera dúvidas: podem ser bons para os professores apresentarem modos novos de aprender, mas ruim se os alunos se distraem em redes sociais. Muitos professores têm banido esses aparelhos em suas classes. E eles só têm boas razões para isso.

wavebreakmedia/Shutterstock.com/ID/BR

Uma pesquisa realizada por um Centro de Pesquisa em Ensino e Aprendizagem analisou o uso de *notebooks* e celulares em uma sala de aula em que os alunos usaram para fazer anotações em apresentações, gravação de áudio e envio de perguntas e respostas; em outras oito salas de aula, os grupos os usaram sem motivos específicos de ensino.

No grupo que usou as ferramentas, muitos alunos afirmaram que o uso ajudou na aula, e outros acreditaram que ajudou a aprender mais. Nos outros grupos, menos alunos disseram o mesmo sobre o uso do computador e celular, pois passaram mais tempo em atividades não relacionadas ao aprendizado, como e-*mail* e redes sociais. Já o uso de celular pelos colegas foi apontado como a maior distração para metade dos alunos.

De acordo com um estudo publicado, anotações escritas à mão auxiliam no aprendizado e na memória, já que é preciso entender o professor, a informação e então anotá-la. Quando os estudantes anotam as aulas em texto virtual, esse processo não acontece. Portanto, o desempenho dos alunos em longo prazo é afetado pelo uso da tecnologia nas aulas e o uso constante piora o desempenho em provas e exames.

Portal Wikinotícias. Disponível em: <https://pt.wikinews.org/w/index.php?title=Estudo_mostra_que_aparelhos_tecnol%C3%B3gicos_atrapalham_na_escola&markasread=26003>. Acesso em: 28 maio 2018.

Ler para compreender

1 **Releia o seguinte trecho do texto 1 e responda às questões.**

> Atender o telefone ou trocar mensagens por aplicativos e redes sociais durante a aula provoca distração e pode ter reflexo no boletim. Por isso, as escolas devem ter regras claras para o uso pessoal de aparelhos eletrônicos [...].

Giz de Cera/Tél Coelho/ID/BR

a. Explique a expressão "pode ter reflexo no boletim".

____

____

____

b. A reportagem afirma algo ou lança uma hipótese ao usar a expressão "pode ter reflexo"? Justifique.

____

____

c. E sobre a criação de regras para o uso de celular, há uma afirmação ou uma sugestão? Indique a palavra do trecho que justifica sua resposta.

____

____

2 **Todos os pais são a favor do uso da tecnologia? Transcreva o trecho do texto que comprova sua resposta.**

____

____

3 **O texto 1 apresenta informações sobre o uso da tecnologia nas escolas.**

a. No terceiro parágrafo do texto, há a declaração de uma pessoa. Qual é o nome dessa pessoa e a profissão dela?

____

____

____

b. No quarto parágrafo, é citada a opinião de outra pessoa. Quem é essa pessoa e o que ela recomenda sobre o assunto?

c. Em sua opinião, por que a reportagem cita o discurso dessas pessoas?

4 **Qual é a conclusão da reportagem sobre o uso da tecnologia por adultos e crianças?**

5 **Releia agora o primeiro parágrafo do texto 2 e responda às questões.**

a. O trecho apresenta pontos positivos e negativos para o uso de aparelhos tecnológicos? Justifique.

b. Com base na resposta que você deu no item **a**, os professores só têm boas razões para banir os celulares de suas aulas, conforme afirmado no final do parágrafo? Justifique.

LDDesign/Shutterstock.com/ID/BR

6 **No segundo parágrafo, é citada uma pesquisa feita por um Centro de Pesquisa em Ensino e Aprendizagem.**

a. Pela leitura, é possível saber de que centro de pesquisa se trata?

b. A citação desse centro de pesquisa traz credibilidade à notícia? Explique.

c. Os dados apresentados pelo estudo feito por esse centro de pesquisa são confiáveis? Por quê?

Giz de Cera/Tél Coelho/ID/BR

7 **Os textos 1 (reportagem) e 2 (notícia) foram publicados em diferentes veículos. Veja no final dos textos a referência de onde eles foram publicados e responda às questões.**

a. Onde a reportagem foi publicada?

b. Onde a notícia do estudo foi publicada?

c. Você conhece algum dos veículos nos quais a reportagem e a notícia foram publicados? Quais são as características desses veículos de informação? Se você nunca ouviu falar deles, faça uma breve pesquisa e compartilhe com os colegas e o professor.

8 **Depois de analisar os textos 1 e 2, responda às questões.**

a. Qual dos dois textos traz informações mais precisas e menos confusas?

b. Em qual dos dois textos há elementos que garantem mais credibilidade às informações? Que elementos são esses?

Ao ler um texto, seja ele uma reportagem, um artigo ou uma notícia, em que há informações publicadas a respeito de determinado assunto, é importante observar se ele contém citações de especialistas, números e dados apresentados com base em estudos e pesquisas de confiança e publicados em mais de um local, referências de onde o texto foi publicado, etc. Assim, é possível analisá-lo de forma crítica e saber se nele pode haver informações duvidosas ou até mesmo não confiáveis.

9 **Qual é sua opinião a respeito do uso dos celulares na escola? Converse com os colegas e o professor sobre os pontos positivos e negativos desse uso.**

Saber Ser

Caminhos da língua

Concordância entre pronomes e verbos

1 Releia este trecho do texto **2**.

> *Notebooks*, *tablets* e celulares estão cada vez mais presentes na sala de aula, mas se isso é bom ou não ainda gera dúvidas: podem ser bons para os professores apresentarem modos novos de aprender, mas ruim se os alunos se distraem em redes sociais. **Muitos professores têm banido esses aparelhos em suas classes. E eles só têm boas razões para isso.**

Syda Productions/Shutterstock.com/ID/BR

a. Quem tem banido esses aparelhos em suas classes?

____

b. O substantivo da resposta do item **a** está no plural ou no singular?

____

c. E o verbo que acompanha esse substantivo?

____

d. Esse substantivo é retomado posteriormente por qual pronome?

____

e. O verbo que acompanha esse pronome está flexionado da mesma maneira que o verbo do item **c**? ______________________________

2 Considere a frase a seguir.

> Os alunos disseram que o uso de aparelhos tecnológicos ajuda na aula. Eles defendem a utilização do celular na sala.

a. Reescreva a frase substituindo "os alunos" por "o professor".

____

____

b. Que mudanças você percebeu no trecho reescrito no item **a**?

____

____

3 Preencha as lacunas do quadro a seguir com os verbos que faltam. Esses verbos devem concordar com os pronomes pessoais e corresponder ao tempo verbal indicado (presente, passado, futuro). Depois, responda às questões referentes aos pronomes.

Abrir	Viver	Cantar
Presente	**Passado**	**Futuro**
Eu ______	Eu vivi	Eu ______
Tu abres	Tu viveste	Tu ______
Ele abre	Ele ______	Ele cantará
Nós ______	Nós ______	Nós ______
Vós abris	Vós vivestes	Vós cantareis
Eles ______	Eles ______	Eles ______

a. Quais pronomes correspondem a primeira, segunda e terceira pessoa do singular?

____

____

b. Quais pronomes correspondem a primeira, segunda e terceira pessoa do plural?

____

____

4 Complete as frases a seguir com o pronome adequado e com o verbo entre parênteses estabelecendo a concordância com o pronome.

a. Eu e você tiramos uma boa nota porque ______ ______ muito antes da prova. (estudar)

b. Não fui à festa da Ana ontem. ______ ______ muito resfriado e com febre. (estar)

c. A festa da Ana estava boa? Eu vi as fotos e ______ ______ muito feliz. (parecer)

Navegar na leitura

Você vai ler uma crônica argumentativa que foi publicada no suplemento infantil de um jornal de grande circulação. A crônica trata das desigualdades sociais e econômicas que afetam muitas crianças em nosso país.

- **Leia o título do texto. A que jogo você acha que o autor se refere?**
- **É possível, apenas pelo título do texto, deduzir a opinião do autor sobre o tema da desigualdade social? Explique.**

Um jogo que é uma vergonha

Imagina um jogo desse jeito: o campo é de pedra bem pontuda e acontece num dia muito frio.

Num time, os jogadores têm tênis e camisa de manga comprida e, no outro, os caras jogam descalços e só de calção.

O time que tem tênis e camisa ganha fácil, dá aquela goleada!

O outro fica a maior parte do tempo tomando cuidado pra não cortar os pés ou então esfregando o braço arrepiado de frio. [...]

Para mim, a diferença da vida entre nós, que temos escola e casa, e as crianças que não têm é um jogo assim. Quem não tem, perde sempre.

Não acho que todo mundo que tem as coisas é culpado por causa dos outros que não têm, mas isso não quer dizer que a gente não possa fazer nada.

Porque pode.

Porque, se a gente quiser jogar um jogo justo, pode exigir que os dois times sejam iguais, pra começar. [...]

Não acredito que as crianças de rua viveriam na rua se tivessem outro lugar melhor para escolher.

Se a gente não exigir que todo mundo tenha casa e escola, vai sempre ficar jogando esse jogo besta.

Ganhando de dez a zero de um time tão fácil, mas tão fácil, que não vai mais ter o gosto da vitória, vai ter só vergonha.

Fernando Bonassi. *Vida da gente*. Belo Horizonte: Formato, 2011. p. 16.

Tel Coelho/Giz de Cera/ID/BR

Ler para compreender

1 **A crônica que você leu foi marcada com cores diferentes para mostrar visualmente a organização das ideias do texto.**

a. Releia a primeira parte do texto, destacada em amarelo. Nesse trecho, são apresentadas as diferenças entre dois times em um jogo e o problema que o autor vai discutir no decorrer da crônica. Qual é o problema apresentado?

____

____

____

b. O texto foi escrito pelo paulistano Fernando Bonassi, que é adulto, mas escreve o texto como se pertencesse a um grupo de crianças. Circule uma frase do texto que confirma essa afirmação.

A **crônica argumentativa** é um texto que tem por objetivo defender uma ideia com base em um relato pessoal do cotidiano.

Marcus Leoni/Folhapress

Fernando Bonassi escreve para a *Folha de S.Paulo* e outras mídias. Foto de 2016.

2 **Releia a parte do texto destacada em azul.**

a. Para que costumamos usar expressões como "acho" ou "não acho"?

____

____

b. Pode-se dizer que o autor usou a expressão "não acho" com a mesma finalidade?

☐ Sim. ☐ Não.

c. Para o autor, é possível fazer algo para melhorar o problema apresentado? Justifique sua resposta de acordo com o texto.

____

____

3 **Ainda na parte destacada em azul, o autor continua a dar a opinião dele.**

a. Que outra expressão é usada pelo autor para registrar a opinião dele nesse trecho? Sublinhe-a.

b. O que o autor quis dizer com essa opinião? Assinale a resposta correta.

- ☐ Ele acha que as crianças que vivem na rua estão lá por não terem outra opção.
- ☐ Ele acha que as crianças que vivem na rua estão lá por vontade própria.

Tel Coelho/ Giz de Cera/ID/BR

4 **Releia o último parágrafo do texto, em que o autor conclui o seu pensamento.**

> Ganhando de dez a zero de um time tão fácil, mas tão fácil, que não vai mais ter o gosto da vitória, vai ter só vergonha.

- Pensando no problema apresentado na crônica argumentativa, comente com os colegas e o professor o que o autor quis dizer com essa frase.

5 **Leia a declaração de Luci Tavares, coordenadora de uma mobilização organizada pelo "Movimento meninos e meninas de rua" em apoio à 11ª Campanha Nacional "Criança não é de rua", que aconteceu no Amapá, em julho de 2017. O movimento realiza um abaixo-assinado para solicitar ao poder público a realização de pesquisa para obter dados a respeito da realidade das crianças e jovens que vivem nas ruas em nosso país.**

> "O Brasil não tem números sobre as crianças e adolescentes que vivem nas ruas, e para podermos elaborar políticas de enfrentamento, precisamos conhecer esta realidade, ter um panorama da situação. Além disso, essas e outras informações são fundamentais para diminuir a invisibilidade, o preconceito e as violações dos direitos desses jovens e suas famílias", reforçou a coordenadora de mobilização Luci Tavares.

Diário do Amapá. Disponível em: <https://www.diariodoamapa.com.br/2017/07/21/campanha-nacional-crianca-nao-e-de-rua-lanca-abaixo-assinado-no-amapa/>. Acesso em: 8 jan. 2018.

- A obtenção de números sobre crianças e adolescentes que vivem em situação de rua se dá, geralmente, por meio de pesquisa. Esses dados poderiam ser usados na crônica "Um jogo que é uma vergonha"? Justifique.

____

____

____

6 **Os itens coloridos abaixo explicam ou apresentam partes do texto. Copie cada um deles no quadro, relacionando-os com as frases seguintes.**

Proposta de ação para enfrentar o problema.	Apresentação do tema da desigualdade, ao criar a "imagem" de um jogo de futebol.	Opinião do autor.
Conclusão.	Apresentação do problema a ser discutido no decorrer do texto.	Nova opinião do autor.

1. ____

____

Imagina um jogo desse jeito: o campo é de pedra bem pontuda e acontece num dia muito frio.

Num time, os jogadores têm tênis e camisa de manga comprida e, no outro, os caras jogam descalços e só de calção.

O time que tem tênis e camisa ganha fácil, dá aquela goleada!

O outro fica a maior parte do tempo tomando cuidado pra não cortar os pés ou então esfregando o braço arrepiado de frio.

2. ____

____

Para mim, a diferença da vida entre nós, que temos escola e casa, e as crianças que não têm é um jogo assim. Quem não tem, perde sempre.

3. ____

Não acho que todo mundo que tem as coisas é culpado por causa dos outros que não têm, mas isso não quer dizer que a gente não possa fazer nada.

4. ____

Não acredito que as crianças de rua viveriam na rua se tivessem outro lugar melhor para escolher.

5. ____

Se a gente não exigir que todo mundo tenha casa e escola, vai sempre ficar jogando esse jogo besta.

6. ____

Ganhando de dez a zero de um time tão fácil, mas tão fácil, que não vai mais ter o gosto da vitória, vai ter só vergonha.

Caminhos da língua

Registro linguístico: formal e informal

1 Veja exemplos de duas situações de comunicação do cotidiano em que são usados diferentes registros de linguagem.

Ilustrações: Tel Coelho/Giz de Cera/ID/BR

- A fala do menino no quadro **A** comunica a mesma informação que a fala da menina no quadro **B**? Explique.

____

____

____

2 Preste atenção nas personagens que estão envolvidas em cada situação e responda: Por que o registro de linguagem usado em cada uma das situações é diferente?

Existem modos diferentes de falar ou escrever, de acordo com a situação de comunicação em que nos encontramos. Esses diferentes modos são os **registros de linguagem**. O registro de linguagem pode ser **formal**, quando a situação de comunicação exige um uso mais sério, monitorado, e **informal**, quando a situação permite o uso mais espontâneo da língua.

3 Indique se o registro de linguagem empregado em cada situação a seguir é formal ou informal. Escreva (**F**) para formal e (**I**) para informal.

Ilustrações: Tel Coelho/Giz de Cera/ID/BR

4 Cite ao menos três situações em que o uso do registro informal seria mais adequado para uma comunicação escrita.

____

____

____

5 Reflita sobre as situações a seguir e responda às questões.

a. Se você encontrasse o pai de um amigo seu na rua e fosse perguntar se ele está bem, como diria isso em registro formal?

____

____

b. E se você encontrasse um colega, como o cumprimentaria usando o registro informal?

____

____

6 Releia o trecho da crônica de Fernando Bonassi.

> Num time, os jogadores têm tênis e camisa de manga comprida e, no outro, os caras jogam descalços e só de calção.
>
> O time que tem tênis e camisa ganha fácil, dá aquela goleada!

Nesse trecho, o autor usa o registro mais formal ou informal? Explique.

____

____

7 Leia estas duas frases.

A O time que tem tênis e camisa ganha fácil, dá aquela goleada!

B O time que tem mais recursos ganha com facilidade e alcança o sucesso.

- Qual frase é mais adequada em um contexto formal de comunicação? Justifique sua resposta.

8 Observe a linguagem usada na crônica "Um jogo que é uma vergonha" e responda.

a. O autor do texto parece dialogar com adultos ou com crianças?

b. Antes de fazer parte de um livro, a crônica foi publicada no suplemento de um jornal para crianças. Assim, justifique o uso do registro informal no texto.

9 Releia dois trechos do texto.

A Num time, os jogadores têm tênis e camisa de manga comprida e, no outro, os caras jogam descalços e só de calção.

B Se a gente não exigir que todo mundo tenha casa e escola, vai sempre ficar jogando esse jogo besta.

Tel Coelho/Giz de Cera/ID/BR

a. Que palavras ou expressões desses trechos marcam a informalidade do registro de linguagem?

b. De que forma você escreveria a frase **A** em um texto que exigisse um registro mais formal?

Navegar na leitura

Na leitura anterior, Fernando Bonassi defende, em uma crônica argumentativa, o ponto de vista dele sobre as desigualdades sociais. Agora, você vai ler um artigo de opinião da psicóloga e consultora educacional Rosely Sayão sobre crianças sobrecarregadas com muitas atividades extracurriculares.

- **Além de ir à escola, você costuma realizar outras atividades regulares, como curso de idiomas e prática de esportes?**
- **Caso realize outras atividades, você acha que ainda lhe sobra tempo para brincar com os amigos, jogar *videogame*, ir ao cinema, etc.?**

Você acha que faz muita coisa? Fale com seus pais!

ROSELY SAYÃO
COLUNISTA DA FOLHA

Você vai para a escola todo dia mesmo sem vontade e sem ter feito a lição de casa. Seus pais dizem que é preciso, que é obrigação. Eles estão certos.

Mesmo que os pais quisessem atender ao capricho do filho de não querer ir à escola, eles não poderiam.

Toda criança deve ir à escola: isso é lei. Um dia, quando você for grande e já tiver saído da escola, pode ser que perceba que foi realmente necessário ir todo santo dia e não só quando dava vontade.

O problema é que seus pais decidiram ser superpais. Para eles, não basta a escola, agora é preciso aprender outras línguas, fazer outros cursos e até mais.

E sabe por que agem assim? Porque acreditam que vai ser bom para o seu futuro, esquecem que o filho precisa viver o tempo de agora, o presente. Ser criança. E não dá para ser criança sem tempo livre.

Tel Coelho/Giz de Cera

Tel Coelho/Giz de Cera/ID/BR

Você até gosta de algumas atividades desses cursos extras, confesse! O que chateia é o compromisso: ter de ir todo dia e na hora marcados. E, como vira obrigação, dá para desgostar um pouco, não é? Dá até vontade de desistir.

Se você acha que está fazendo coisas demais, que está sem tempo para brincar, ficar sossegado sem nenhuma obrigação, é hora de criar coragem e conversar com seus pais.

Mas conversar de verdade: sem reclamação, chororô, drama. Desse modo, fica mais fácil eles prestarem atenção a suas palavras e suas emoções.

Está certo que choramingar nem sempre funciona. Mas agora é a hora de contar a eles que você tem vontade de ter vida de criança. Papo sério, de filho para pais!

Que tal começar perguntando sobre a infância deles? Aí, está na mão sua chance de dizer que gostaria muito, muito, muito de ter lembranças de infância também. Que acaba tão depressa!

Folha de S.Paulo. Disponível em: <http://www1.folha.uol.com.br/colunas/quebracabeca/2014/03/1428937-rosely-sayao-voce-acha-que-faz-muita-coisa-fale-com-seus-pais.shtml>. Acesso em: 8 jan. 2018.

Texto e contexto

Rosely Sayão é psicóloga, consultora em educação e escreveu para o jornal *Folha de S.Paulo* por muitos anos. Seus textos tratam das principais dificuldades enfrentadas pela família e pela escola na atividade de educar. A autora também publicou vários livros relacionados à área da educação de crianças e adolescentes.

Zanone Fraissat/Folhapress

Ler para compreender

1 Qual é o assunto principal do texto?

2 O texto inicia apresentando uma situação vivida por muitas crianças: às vezes, elas não têm vontade de ir à escola, mas os pais não podem deixá-las faltar às aulas. Copie do texto o trecho que contém essa afirmação e também o trecho que explica o porquê de os pais estarem certos.

3 No quinto parágrafo, a autora dá a opinião dela sobre o problema apresentado. Transcreva o trecho que contém essa opinião.

4 Releia o boxe *Texto e contexto* na página anterior e responda às questões a seguir.

a. Qual é a formação e a atividade profissional de Rosely Sayão?

b. Para que público ela escreveu o texto "Você acha que faz muita coisa? Fale com seus pais!"? De que modo você chegou a essa conclusão?

c. O registro de linguagem usado nesse texto de Rosely Sayão é mais formal ou informal? Justifique.

5 A autora do artigo de opinião apresenta um problema relacionado ao cotidiano de pais e filhos. Por que essa profissional tem espaço em meios de comunicação para falar sobre esse assunto?

____

____

____

____

6 A autora usa argumentos para defender um ponto de vista. Para conhecê-los, complete os quadros a seguir. Busque as informações no texto.

Quando os pais não permitem que os filhos faltem à escola.	
Por que eles fazem isso:	Argumento usado pela autora para explicar por que eles estão certos:

Quando os pais decidem ser superpais e exageram no número de atividades dos filhos.	
Por que eles fazem isso:	Argumento usado pela autora para explicar por que eles não estão certos:

Tel Coelho/Giz de Cera/ID/BR

A autora apresenta uma solução para o problema: o diálogo entre filhos e pais.	
Na conversa, não é adequado:	Na conversa, é adequado:

A autora mostra dois modos de conversar.	
Escreva a sugestão da autora sobre como conversar:	Argumento usado pela autora para explicar o melhor modo de conversar:

7 No final do texto, a autora dá uma ideia para resolver o problema das crianças. A solução aparece na forma de um conselho.

Tel Coelho/Giz de Cera/ID/BR

> Que tal começar perguntando sobre a infância deles? Aí, está na mão sua chance de dizer que gostaria muito, muito, muito de ter lembranças de infância também.

- Se você estivesse no lugar dessas crianças, aceitaria a sugestão proposta? Por quê?

O texto que você acabou de ler é um **artigo de opinião**. Nesse gênero textual, o autor apresenta um assunto e defende seu ponto de vista por meio de **argumentos**. Ele também pode argumentar **discordando de outros pontos de vista** sobre o mesmo assunto.

Argumentar é defender um ponto de vista. É apresentar razões, ideias, fatos para sustentar ou defender uma opinião, uma afirmação. A argumentação, ou seja, a defesa de um ponto de vista por meio de ideias, dados, exemplificações, etc. não acontece apenas no artigo de opinião. O debate, a crônica argumentativa e até mesmo uma conversa informal podem ser boas oportunidades de argumentar.

Caminhos da língua

Acentuação de palavras oxítonas

1 Leia esta tira da personagem Armandinho.

Alexandre Beck. *Armandinho.*

a. Qual é o único horário disponível de Zé para brincar?

____

b. O que o assunto dessa tira tem em comum com o artigo de opinião de Rosely Sayão?

____

____

c. Armandinho conversa em situação informal com o amigo, chamando-o por um apelido. A qual nome essa forma reduzida (apelido) corresponde?

____

d. Faça a separação silábica do nome que você escreveu e classifique a palavra quanto à posição da sílaba tônica: oxítona, paroxítona ou proparoxítona.

____

2 Observe os três grupos de palavras a seguir.

1	está	Pará	crachá	maracujá	______________	☐
2	você	bebê	balé	café	______________	☐
3	chororô	robô	jiló	dominó	______________	☐

a. Escreva a última letra das palavras de cada grupo no respectivo quadrinho.

b. Encaixe o nome da personagem apresentada na questão anterior em um dos grupos de palavras e escreva-o na linha adequada.

c. Escreva palavras para completar os outros dois grupos.

d. As palavras dos três grupos são:

☐ oxítonas. ☐ paroxítonas. ☐ proparoxítonas.

3 **Leia as palavras dos grupos de oxítonas acentuadas.**

maracujás aliás atrás ☐	através bebês português ☐	retrós após robôs ☐

Leandro Lassmar/ID/BR

a. Circule as duas letras finais dessas palavras.

b. Escreva essa dupla de letras nos quadrinhos de cada grupo.

c. Nas sílabas tônicas das palavras desses quadros:

☐ todas as sílabas acentuadas têm vogal com som aberto.

☐ há vogais acentuadas que têm som aberto e vogais acentuadas que têm som fechado.

4 **Numere os grupos de oxítonas conforme a indicação a seguir.**

1 Oxítonas terminadas nos ditongos abertos **ei**, **eu**, **oi**, seguidos ou não de **s**.

2 Oxítonas que terminam com **em** ou **ens**.

além refféns alguém armazéns também parabéns ☐	anéis chapéus papéis herói céu faróis ☐

Leandro Lassmar/ID/BR

São acentuadas as palavras **oxítonas**:

- terminadas em **a**, **e**, **o**, seguidas ou não de **s**.
  Exemplos: **vatapá**, **filés**, **judô**.
- terminadas em **em** ou **ens**.
  Exemplos: **neném**, **armazéns**.
- terminadas nos ditongos abertos **ei**, **eu**, **oi**, seguidos ou não de **s**.
  Exemplos: **papéis**, **fogaréu**, **anzóis**.

Jogos e brincadeiras

Segredo das cartas

1 Nas cartas abaixo, há palavras oxítonas que levam acento? Se houver, pinte a estrela na frente de cada uma delas e acentue-as corretamente.

Carta 1
- ☆ cana
- ☆ abacaxi
- ☆ pincel
- ☆ tatu
- ☆ colar

Carta 2
- ☆ jilo
- ☆ sala
- ☆ anel
- ☆ viver
- ☆ andar

Carta 3
- ☆ armazem
- ☆ cipo
- ☆ molho
- ☆ marrom
- ☆ colar

Carta 4
- ☆ cracha
- ☆ croche
- ☆ jacare
- ☆ capim
- ☆ algum

Carta 5
- ☆ maracuja
- ☆ pure
- ☆ pasteis
- ☆ trofeus
- ☆ anzol

Carta 6
- ☆ farois
- ☆ domino
- ☆ papeis
- ☆ ninguem
- ☆ parabens

- Que segredo numérico se esconde nas estrelas das palavras acentuadas na sequência de cartas?

Estúdio Omitorrinco/ID/BR

2 Siga as dicas e escreva três oxítonas nos quadros abaixo. A soma das letras das palavras que você escreveu deve ser igual à quantidade de estrelas pintadas nas cartas acima.

Usa-se sobre a cabeça	Quem realiza grandes feitos	Da mesma forma, além disso

Dando asas à produção

Artigo de opinião

Neste capítulo, você leu e interpretou um artigo de opinião sobre crianças com excesso de atividades fora da escola. Agora, você vai escrever um artigo de opinião sobre um dos problemas enfrentados por alunos de sua idade no ambiente escolar.

O que vou produzir

Escreva um artigo de opinião que apresente um problema vivenciado por alunos no cotidiano escolar. As imagens a seguir servem de referência para situações que podem acontecer nesse ambiente. Você pode se inspirar nelas ou pensar em outras situações.

imtmphoto/Shutterstock.com/ID/BR

Sono durante a aula.

Tyler Olson/Shutterstock.com/ID/BR

Falta de concentração provocada por problemas familiares.

Monkey Business Images/Shutterstock.com/ID/BR

Bullying ou dificuldade para se enturmar.

Fernando Favoretto/Criar Imagem

Dificuldade para falar em público.

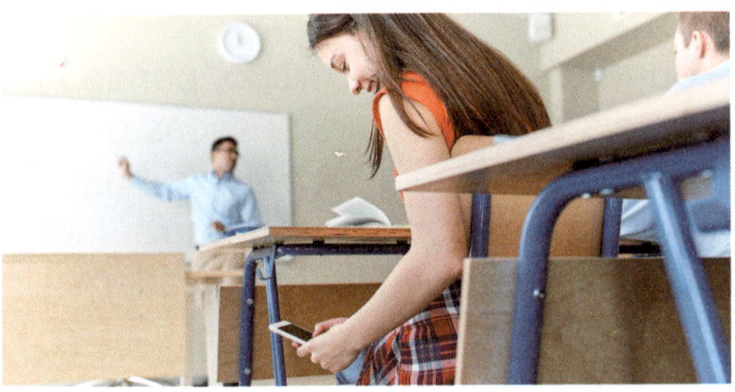
Syda Productions/Shutterstock.com/ID/BR

Distração pelo uso do celular em sala de aula.

Fernando Favoretto/Criar Imagem

Problemas de cooperação nos trabalhos em grupo.

Orientações para a produção

Tel Coelho/Giz de Cera/ID/BR

1. Após selecionar o tema para o seu artigo de opinião, anote no caderno algumas ideias que você já tenha. Então, pesquise a opinião de especialistas sobre o assunto lendo reportagens, artigos, entrevistas em *sites*, livros e revistas que tratem do tema sobre o qual você vai escrever.
2. Os conteúdos pesquisados podem ajudá-lo a confirmar o que você já tinha em mente, dando novas bases à sua argumentação, ou levá-lo a reformular suas ideias.
3. Decida se você escreverá o artigo em primeira pessoa (como fez Fernando Bonassi em sua crônica argumentativa) ou em terceira pessoa (como fez Rosely Sayão, no artigo de opinião). Se for escrever em terceira pessoa, mesmo que as ideias expostas sejam suas, você não deverá usar expressões como "eu acho", "eu penso". Se necessário, volte aos textos do capítulo e faça uma releitura.
4. Planeje seu texto. Veja alguns passos.
   - Apresente, no primeiro parágrafo, o assunto sobre o qual vai falar.
   - Dê continuidade ao texto. Para defender seu ponto de vista, apresente argumentos: suas ideias, informações dadas por especialistas, dados, exemplificações, etc.
   - Ao desenvolver o assunto, você pode abrir um parágrafo para cada argumento. Mas se um argumento estiver muito relacionado ao outro, eles podem ficar no mesmo parágrafo.
   - Se achar pertinente, apresente ideias com possíveis soluções para o problema sobre o qual você está refletindo. Elas devem estar em conformidade com o que você já escreveu.
   - Finalize o texto com um parágrafo conclusivo: ele pode trazer uma síntese do que já foi dito, uma boa frase que combina com o restante do texto, ou até uma frase de alguém conhecido (escritor, cientista, líder, etc.) que complete e conclua o ponto de vista que você defendeu.
5. Para escolher o registro de linguagem que será usado no artigo, pense no público para o qual vai escrever. Você deseja escrever para pessoas de sua idade? Para adultos? Para o público em geral? De qualquer maneira, não convém que o registro de um artigo de opinião seja informal demais. Fique atento à linguagem e evite usar gírias e outras expressões que ficariam melhor em uma conversa com amigos.
6. Dê um título ao texto que desperte a atenção dos leitores.

Avaliação e reescrita

Troque o texto escrito por você com o de um colega. Leia o texto do colega prestando atenção nos itens do quadro abaixo. Pinte **sim** ou **não** para o que foi realizado. Faça também outras observações que considerar convenientes.

1. O problema apresentado e o ponto de vista defendido estão claros para o leitor?	Sim	Não
2. Foram usados argumentos para defender uma opinião?	Sim	Não
3. O ponto de vista está coerente com os argumentos apresentados?	Sim	Não
4. As ideias do texto têm relação umas com as outras?	Sim	Não
5. As ideias estão de acordo com a opinião defendida e com a conclusão do texto?	Sim	Não
6. O registro de linguagem usado foi apropriado para um artigo de opinião? Está condizente com o público leitor?	Sim	Não
7. O título é interessante?	Sim	Não

Veja a avaliação do seu artigo feito pelo seu colega. Identifique as modificações necessárias e passe o texto a limpo.

Circulação do texto

Reúnam todos os artigos de opinião, organizando-os por assunto.

Criem um catálogo com a coletânea dos artigos, reproduzindo-o de modo que cada aluno tenha um exemplar. Cada exemplar será entregue à família do aluno no dia do encontro sugerido na seção *Vamos compartilhar*, no capítulo 8.

Além de fazer parte do catálogo, os artigos escritos poderão alimentar, pouco a pouco, o conteúdo de um *site*, *blog* ou outra página da turma ou da escola na internet.

Tel Coelho/Giz de Cera/ID/BR

Olá, oralidade

Debate regrado

Em *Dando asas à produção* você escreveu um artigo de opinião sobre algumas situações vividas em ambiente escolar, como falta de atenção, dificuldade para se enturmar e *bullying*. Agora, chegou a hora de debater com os colegas sobre uma situação vivida pela personagem Calvin, que também pode ocorrer na escola. Vamos conhecer essa história?

ACESSE O RECURSO DIGITAL

Orientações para a produção

As tiras a seguir constituem uma sequência. Elas retratam uma situação de intimidação e *bullying* sofrida por Calvin.

1. Situação inicial:

Bill Watterson. *Deu "tilt" no progresso científico*. São Paulo: Conrad, 2010.

2. O que Calvin pensou em fazer:

Bill Watterson. *Deu "tilt" no progresso científico*. São Paulo: Conrad, 2010.

3. O que Calvin decidiu fazer:

Bill Watterson. *Deu "tilt" no progresso científico*. São Paulo: Conrad, 2010.

Reflita sobre essa história. Depois, discuta com os colegas sobre ela.

- Em sua opinião, Calvin deveria ter pego de volta o caminhão sem que Moe visse ou soubesse?
- Você concorda com o que Calvin decidiu fazer no final?

Preparação da fala

Tel Coelho/Giz de Cera/ID/BR

1. Em um debate, as pessoas se reúnem para discutir um problema ou um assunto. Por meio de argumentos, expressam sua posição contra ou a favor das ideias apresentadas. Para que o debate seja organizado, é importante que haja um mediador, que vai ditar as regras, como o tempo e a ordem de fala.
2. Sendo assim, antes do debate, combinem com o professor quem será o mediador.
3. Antes do debate, reflita sobre as seguintes questões:
   - Por que eu agiria de tal maneira se fosse Calvin?
   - Que consequências teria essa forma de agir?
   - Há outras soluções que eu poderia sugerir para resolver o problema?
4. Anote no caderno alguns argumentos que você vai usar no momento do debate para retomar caso você se esqueça de um deles.
5. Ao debater, é preciso seguir algumas regras:
   - Saber ouvir e respeitar a opinião dos colegas.
   - Não se deixar levar apenas pela emoção, mas argumentar usando suas melhores ideias.
   - Saber a hora de falar e respeitar o tempo dado para usar a palavra.

Avaliação

Depois de realizado o debate, avalie sua participação respondendo às questões abaixo com os colegas.

- **Eu soube ouvir os colegas sem interrompê-los?**
- **Permaneci tranquilo durante a discussão e respeitei o tempo de fala?**
- **Houve momentos em que o debate ficou cansativo? Por quê?**
- **Eu refleti sobre a opinião dos colegas e reconsiderei minha opinião?**

Aprender sempre

ACESSE O RECURSO DIGITAL

1 Leia o cartaz e a fala das personagens ao lado.

a. O que a professora está apresentando?

b. O que Maluquinho quis dizer quando falou que já faz muita arte em casa?

Ziraldo/Acervo do artista

Ziraldo. *Maluquinho por arte:* histórias em que a turma pinta e borda. São Paulo: Editora Globo, 2010.

c. A palavra **arte** pode ter sentidos diferentes nesse contexto? Quais?

d. O registro de linguagem usado pela professora é formal ou informal? E o registro do Menino Maluquinho?

e. Se Maluquinho usasse um registro de linguagem muito formal, combinaria com o jeito de ser dele?

f. Em sua opinião, por que cada uma das personagens usou os registros de linguagem identificados por você?

g. Como você falaria o que Maluquinho disse, se estivesse em uma situação de comunicação formal?

____

____

____

h. Em sua opinião, é importante incentivar as pessoas a desenvolver habilidades quando elas se interessam em aprender algo? Artes, esporte, culinária, língua estrangeira, etc.? Quando atividades assim podem se tornar estressantes?

Saber Ser

2 **Leia as palavras de cada grupo. Então, escreva a regra de acentuação das oxítonas que se aplica às palavras agrupadas. Por fim, complete os quadrinhos com outras palavras que fazem parte do grupo identificado.**

Grupo 1 sofá - sapé - avó - sofás - sapés - avós

____

____

Grupo 2 refém - contêm - armazéns

____

____

Grupo 3 troféu - troféus - dodói - anéis

____

____

Sugestões de leitura

Ilustrações de Fido Nesti/Editora Companhia das Letrinhas

***Conversa de morango e outros textos cheios de graça*, de Carlos Drummond de Andrade. Editora Companhia das Letrinhas.**

Nesse livro, as crianças poderão ter um primeiro contato com Carlos Drummond de Andrade, autor reconhecido por tantas crônicas, poemas e contos. Em 21 textos bem-humorados sobre o cotidiano, seremos surpreendidos pela leveza que Drummond consegue transmitir em palavras.

***Onde já se viu?*, de Tatiana Belinky. Editora Ática (Coleção Para Gostar de Ler Júnior).**

Tatiana Belinky reúne nesse livro 33 histórias do cotidiano de diversas culturas, capazes de comover e alegrar os pequenos leitores.

Ática/Arquivo da editora

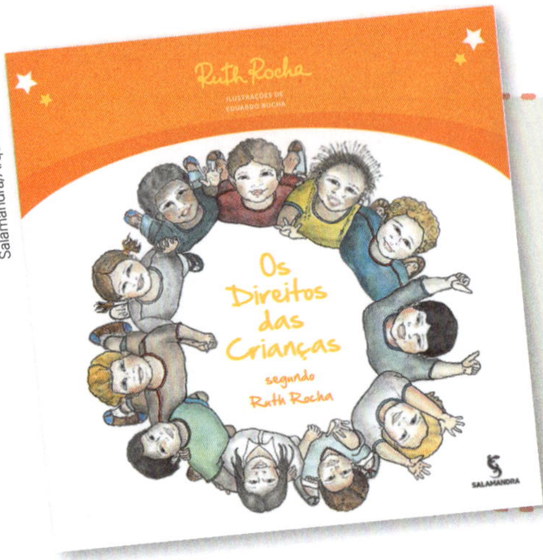

Salamandra/Arquivo da editora

***Os Direitos das Crianças segundo Ruth Rocha*, de Ruth Rocha. Editora Salamandra.**

Com essa adaptação especial da Declaração Universal dos Direitos da Criança, proclamada originalmente em 1959, Ruth Rocha faz um convite a todas as crianças: descobrir seus direitos e deveres.

CAPÍTULO 8
Transformações e ritos de passagem

Você está saindo da infância e iniciando uma nova fase da vida, a adolescência! Neste capítulo, são apresentados textos que tratam dessa nova fase.

Observe as imagens abaixo. Elas mostram duas capas de revistas de histórias em quadrinhos.

Maurício de Sousa Editora Ltda.

Capa da revista de história em quadrinhos *Turma da Mônica*.

Maurício de Sousa Editora Ltda.

Capa da revista de história em quadrinhos *Turma da Mônica Jovem*.

- **Algumas personagens estão presentes nas capas das duas revistas, porém representadas de forma diferente. Quais personagens aparecem nas duas capas?**
- **As personagens estão representadas em diferentes fases da vida. Quais são essas fases?**
- **Em sua opinião, os gostos e interesses das personagens, nessas duas fases da vida, são os mesmos? Explique.**

Navegar na leitura

Na idade em que você está, muitas coisas começam a mudar!

Você e os colegas estão prestes a entrar na adolescência, período de transição entre a infância e a idade adulta.

É interessante notar que nem todas as culturas vivenciam essa transição da mesma maneira.

- **Leia o título do texto abaixo. O que você imagina que sejam "ritos de passagem"?**
- **Observe as fotos que acompanham o texto. Onde você imagina que são praticados os ritos de passagem a que o texto se refere?**

O texto expositivo tem como objetivo explicar um tema ou assunto para um público não especializado. Leia a seguir um texto expositivo que mostra como alguns povos indígenas lidam com a transição para a vida adulta.

Ritos de passagem

Ritos de passagem são momentos muito fortes na vida de algumas sociedades indígenas. São rituais que determinam o papel de cada pessoa na comunidade.

Quando o menino ou a menina estão no processo de crescimento e amadurecimento, passam por esses rituais que, às vezes, são bem doloridos, pois é preciso mostrar-se forte, resistente e saber conviver com a dor e o sofrimento para ser considerado digno de pertencer ao povo indígena.

Os ritos de passagem são muitos ao longo da vida de um índio. Servem para diferenciar a criança do adulto ou daquele que está se preparando para tornar-se um. [...]

Entre os Apinayé, povo do Tocantins, a perfuração das orelhas e dos lábios representa que o menino já está crescido e já pode se tornar um guerreiro. Nessa sociedade, há um conjunto de cerimônias que complementam a preparação do jovem guerreiro que, no entanto, só culmina quando o homem entra na terceira idade. [...]

Culminar: chegar ao momento mais importante; auge.

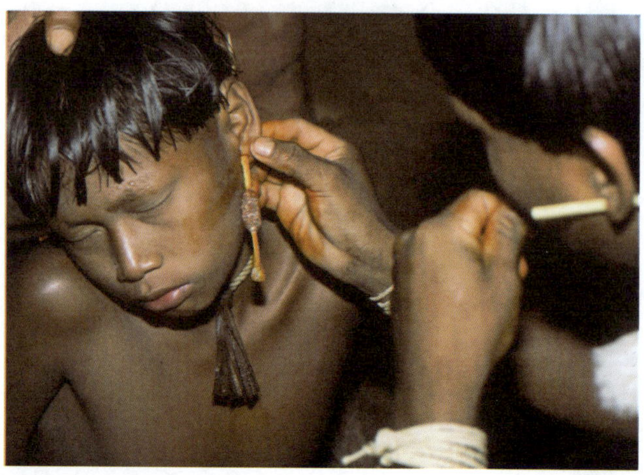

Rosa Gauditano/Studio R

Menino indígena durante ritual na aldeia Pimentel Barbosa, Mato Grosso. Foto de 2001.

Entre os Xavante, do Mato Grosso, os meninos ficam separados do convívio social por um longo período, preparando-se para furar o **lóbulo** das orelhas, que marcará sua passagem para uma nova faixa de idade.

As meninas do povo Kura-Bakairi também passam por um período de **reclusão**, que acontece na fase de sua primeira menstruação, que chamam "nhuncely". Essa reclusão pode durar de 15 dias a um mês. Nesse período, as meninas aprendem as coisas essenciais para o bom desenvolvimento da vida adulta. Às reclusas é permitido apenas o consumo de "chichas" (chás preparados à base de mate) e água. Ao sair da reclusão, as meninas têm que se comportar de uma outra maneira, pois não são mais crianças.

Rita Barreto/Acervo da fotógrafa

Meninas indígenas saindo do ritual de reclusão. Alto Xingu (MT), 2011.

Os meninos desse grupo indígena também passam por um processo de reclusão quando atingem a **puberdade**. Esse ritual chama-se "sadyry" e consiste na perfuração dos lóbulos das orelhas. Eles ficam na "casa dos homens", onde descobrirão se têm vocação para ser pajé, atirador de flechas ou lutador. [...]

Vale lembrar que muitos povos indígenas abandonaram seus rituais de passagem em função do contato com outras culturas.

Daniel Munduruku. *Coisas de índio*. São Paulo: Callis, 2010. p. 80-82.

Lóbulo: parte inferior da orelha.
Reclusão: afastamento do convívio social.
Puberdade: período de transição entre a infância e a adolescência no qual ocorre um conjunto de transformações físicas.

Texto e contexto

Daniel Munduruku é um escritor indígena da etnia Munduruku, nascido em Belém, Pará. Em seus livros, aborda aspectos, costumes e histórias das culturas indígenas. Recebeu diversos prêmios no Brasil e no exterior, como o Prêmio Jabuti de Literatura e o Prêmio Tolerância, da Unesco (Organização das Nações Unidas para a Educação, a Ciência e a Cultura).

Arquivo/Acervo do autor

Ler para compreender

1 **Considerando as informações presentes no texto expositivo "Ritos de passagem", responda às questões a seguir.**

a. Qual é o tema central do texto?

____

____

b. Que recursos o autor utiliza para desenvolver o tema do texto: histórias pessoais ou informações gerais?

____

____

c. O texto está escrito:

- [ ] em primeira pessoa, com foco em quem fala (eu, nós).
- [ ] em terceira pessoa, com foco no assunto de que se fala (ele, eles).

d. Considere as respostas aos itens **b** e **c**. Ao apresentar o assunto dessa maneira, o autor constrói o efeito de sentido:

- [ ] de um texto subjetivo, com várias ações e expressões de sentimentos.
- [ ] de um texto objetivo, com informações específicas e diretas.

2 **Em um texto expositivo, é importante que o autor conheça bem o assunto tratado. Releia o boxe *Texto e contexto,* sobre o autor de "Ritos de passagem". De que forma a biografia de Daniel Munduruku demonstra seu conhecimento sobre a cultura indígena?**

____

____

____

Raíssa Bulhões/ID/BR

3 Os ritos de passagem marcam a transição da infância para a vida adulta. Segundo o texto, qual é a importância desses ritos para as sociedades indígenas apresentadas?

____

____

4 De acordo com o texto, por que alguns rituais costumam ser doloridos?

____

____

5 Além da experiência da dor, meninos e meninas podem passar um tempo separados do convívio social. Por que isso acontece?

____

____

____

6 Ao longo do texto, são apresentados rituais de três povos indígenas: os Apinayé, os Xavante e os Kura-Bakairi.

a. Em cada um desses povos, há rituais específicos para a transição dos meninos. Complete o quadro a seguir indicando o ritual de cada povo.

Apinayé	
Xavante	
Kura-Bakairi	

b. Qual ritual relacionado à transição dos meninos é comum aos três povos?

Ilustrações: Raissa Bulhões/ID/BR

7 **No texto também são apresentadas informações relacionadas à transição das meninas do povo Kura-Bakairi.**

a. Que acontecimento marca o início do período de reclusão das meninas desse povo?

b. O ritual de passagem das meninas Kura-Bakairi recebe o nome de *nhuncely*. Que detalhes sobre esse ritual são apresentados no texto?

c. Depois do *nhuncely*, o que muda na vida dessas meninas?

8 **Segundo o texto, há povos indígenas que abandonaram seus rituais de passagem em função do contato com outras culturas. Em sua opinião, por que o contato com outras culturas fez com que alguns povos abandonassem seus rituais?**

Saber Ser

- Você acredita que essa mudança é positiva ou negativa para as populações indígenas? Justifique seu ponto de vista.

9 **Os povos indígenas também influenciaram a cultura brasileira de forma significativa. Realize uma pesquisa e indique um ou mais costumes de nossa cultura influenciados pelas culturas indígenas.**

Caminhos da língua

ACESSE O RECURSO DIGITAL

Uso de vírgula, dois-pontos e ponto e vírgula

1 Releia dois trechos do texto "Ritos de passagem".

Trecho 1

Nesse período, as meninas aprendem as coisas essenciais para o bom desenvolvimento da vida adulta.

Trecho 2

Quando o menino ou a menina estão no processo de crescimento e amadurecimento, passam por esses rituais que, às vezes, são bem dolorosos, pois é preciso mostrar-se forte, resistente e saber conviver com a dor e o sofrimento para ser considerado digno de pertencer ao povo indígena.

Ilustrações: Raíssa Bulhões/ID/BR

a. Circule, no quadro abaixo, a palavra que classifica o tipo de informação acrescentada pela expressão destacada no trecho **1**.

causa	lugar	tempo	modo

b. No trecho **2**, que expressão, separada por vírgulas, indica a mesma circunstância identificada no item **a**?

____

c. No trecho **2**, há três qualidades que os meninos e as meninas precisam ter para ser considerados dignos de pertencer ao povo indígena. Quais são elas?

____

____

____

- Que sinal de pontuação é usado para separar as qualidades?

____

A **vírgula** é um sinal de pontuação utilizado, entre outras coisas, para separar elementos em uma enumeração ou para isolar em uma frase termos que expressem circunstâncias como lugar, tempo, modo, entre outras.

2 O texto a seguir trata de uma brincadeira realizada pelo povo indígena Surui. Leia-o com atenção e responda ao que se pede.

Os meninos do povo Surui, que vive em Rondônia, gostavam muito de brincar de caçada. Eles observam os adultos e sabem que uma das tarefas dos homens da aldeia é conseguir alimento para suas famílias. Por isso, eles costumam brincar de ser grandes caçadores. A brincadeira acontece mais ou menos assim: um grupo de meninos se divide em dois, uns serão a caça, os outros, os caçadores. É dado um tempo para que a caça fuja mato adentro.

Em seguida, os caçadores saem à sua procura. Quando um caçador consegue apanhar sua caça, ele para e espera os demais. Depois que todo mundo já foi pego, há uma troca de funções de modo que os que eram caça passam a ser caçadores. Assim, os meninos ficam brincando o dia todo, até se cansar.

Raíssa Bulhões/ID/BR

Daniel Munduruku. *Coisas de índio*: versão infantil. São Paulo: Callis, 2009. p. 42-43.

a. Qual é a importância de brincar de caçada para os meninos do povo Surui?

b. Observe a expressão destacada no texto, que é seguida de vírgula. Por que foi usada vírgula nesse caso?

☐ Para isolar uma expressão indicativa de tempo.

☐ Para isolar uma expressão indicativa de lugar.

☐ Para separar elementos de uma enumeração.

c. Além de vírgulas, no texto são utilizados dois-pontos **:**. Após o uso desse sinal de pontuação, o que é apresentado ao leitor?

☐ A fala de uma personagem.

☐ Uma explicação.

☐ Uma enumeração.

d. Observe o conteúdo que vem logo após os dois-pontos. Qual é a importância desse trecho para o entendimento do texto?

Os **dois-pontos** são um sinal de pontuação utilizado, geralmente, para anunciar a fala de personagens em um diálogo e para introduzir um esclarecimento, uma explicação em um texto.

3 **Leia a frase abaixo, baseada no texto anterior.**

Os meninos do povo Surui brincam o dia todo; já os homens precisam buscar alimento.

Raissa Bulhões/ID/BR

a. Essa frase relaciona duas informações. A quem se refere cada informação?

____

b. Nessa frase, o sinal de ponto e vírgula [;] indica uma pausa:

[ ] menor que a da vírgula.

[ ] maior que a da vírgula e menor que a do ponto.

[ ] igual à do ponto.

4 **Leia a frase a seguir e pontue-a usando vírgula e ponto e vírgula.**

Em uma rodada da brincadeira [ ] algumas crianças são a caça [ ] em outra rodada [ ] elas são caçadores.

O **ponto e vírgula** é um sinal de pontuação que representa uma pausa mais longa que a da vírgula e menor que a do ponto. Por vezes, é empregado em um trecho em que já existem vírgulas.

5 **Pontue as frases usando ponto e vírgula para indicar pausa mais longa.**

a. Todos estavam cansados entretanto, não desistiam de seus objetivos.

b. Em muitas situações, as crianças são estimuladas a ler e a brincar, de forma a desenvolver a imaginação e a criatividade são momentos importantes para o crescimento sadio.

c. Os pré-adolescentes, em muitos momentos, sentem-se confusos e ansiosos nessa fase, é muito importante o apoio familiar.

d. Eu vou para a escola a pé já Pedro vai de ônibus.

6 **Complete as frases abaixo inserindo vírgulas nos lugares adequados.**

a. No parque as crianças procuraram um lugar para o piquenique.

b. Minhas frutas prediletas são morango pera e banana.

c. Após o nascimento do irmão Paula se tornou a irmã mais velha.

d. João sempre tem canetas lápis borracha e apontador sobre a mesa.

e. Em casa Felipe estuda as matérias do dia seguinte.

f. Depois do jogo de vôlei as crianças comemoraram a vitória.

Raissa Bulhões/ID/BR

7 **Associe cada fato do quadro A a uma explicação apresentada no quadro B, formando frases e usando os dois-pontos. Escreva-as no caderno.**

A

- A brincadeira deverá ser organizada da seguinte maneira
- Para fazer o bolo indicado na receita, são necessários alguns ingredientes
- O trabalho foi feito conforme a orientação
- Todos os itens foram comprados para a festa de aniversário
- Os netos sentiam-se felizes com a presença dos avós naquelas férias

B

- bebidas, bolo, doces e salgados.
- era uma viagem em família de que jamais esqueceriam.
- farinha, ovos, açúcar, leite e banana.
- todos os alunos explicaram uma parte do texto.
- as crianças maiores formarão os grupos e as menores distribuirão as peças dos jogos.

Dando asas à produção

Texto expositivo

Neste capítulo, você leu o texto expositivo "Ritos de passagem", de Daniel Munduruku, que trata da transição da infância para a vida adulta de três grupos indígenas. Agora, você e os colegas vão produzir um texto expositivo.

O que eu vou produzir

Formem grupos com três ou quatro integrantes. Cada grupo deverá elaborar um texto expositivo sobre algum tema relacionado a crianças e adolescentes no Brasil e no mundo. Depois de pronto, o texto será afixado em um mural na escola, de forma que os alunos de outras turmas possam lê-lo.

Para produzir o texto, vejam as orientações a seguir.

Orientações para a produção

1. Abaixo são apresentados alguns temas para a elaboração do texto expositivo. Em grupo, selecionem um desses temas ou proponham outro que preferirem.
    - As brincadeiras de crianças e adolescentes em diferentes regiões do Brasil.
    - Os benefícios da prática de esportes para crianças e adolescentes.
    - A importância de uma alimentação saudável para crianças e adolescentes.
    - Crianças e adolescentes que falam a língua portuguesa em diferentes lugares do mundo.
    - Os direitos da criança e do adolescente no Brasil.

2. Consultem livros e *sites* para obter informações sobre o tema selecionado.
3. Se a pesquisa for realizada na internet, abram um buscador e digitem palavras-chave. Por exemplo, caso seu grupo tenha selecionado o primeiro tema, escrevam no campo de busca: "brincadeiras em diferentes regiões do Brasil". Ao fazer esse tipo de pesquisa, não é necessário usar sinais de pontuação. Lembrem-se de que é preciso buscar informações em fontes confiáveis, como *sites* governamentais ou enciclopédias virtuais.
4. Caso a pesquisa seja feita em livros, é importante selecionar publicações relacionadas ao tema e consultar os respectivos sumários, verificando se o conteúdo procurado é tratado nessas obras.

5. Registrem em um caderno as informações mais relevantes e também dados sobre a fonte de pesquisa, como nome do autor, título do livro ou endereço do *site* consultado.
6. Depois de coletadas as informações, elaborem a primeira versão do texto expositivo, organizando o conteúdo de modo claro, com um parágrafo introdutório que apresente o assunto. Os demais parágrafos devem trazer informações adicionais.
7. Escrevam o texto em terceira pessoa, de forma objetiva, com informações específicas e diretas, usando linguagem formal.
8. Ao escrever o texto, utilizem a vírgula, os dois-pontos e o ponto e vírgula, de acordo com o que aprenderam.
9. Observem se o texto tem muitas palavras ou expressões repetidas. Se isso ocorrer, verifiquem se não é o caso de substituí-las por pronomes.
10. Não se esqueçam de dar ao texto um título que tenha relação com o assunto tratado.
11. Se possível, acrescentem imagens, gráficos ou tabelas para enriquecer o texto e torná-lo mais atraente.

Avaliação e reescrita

Troquem o texto escrito por vocês com o de outro grupo. Leiam o texto produzido pelos colegas prestando atenção nos itens abaixo e marquem **sim** ou **não** para cada pergunta. Incluam outros comentários que acharem convenientes.

1. O texto tem uma introdução que apresenta o tema tratado?	Sim	Não
2. Nos parágrafos seguintes, esse tema é bem desenvolvido, com informações adicionais?	Sim	Não
3. O texto foi escrito em terceira pessoa?	Sim	Não
4. Os verbos foram utilizados de acordo com as regras de concordância?	Sim	Não
5. A pontuação foi aplicada adequadamente?	Sim	Não

Ao receber de volta o texto que vocês produziram, façam as modificações necessárias para aprimorá-lo, levando em conta a avaliação feita pelos colegas.

Em seguida, passem o texto a limpo em uma folha de papel sulfite, com letra legível. Caso vocês tenham selecionado imagens relacionadas ao texto, não se esqueçam de incluí-las para chamar a atenção dos leitores.

Circulação do texto

Para a exposição dos textos, planejem com o professor a montagem e a localização do mural, que pode ter como base folhas de papel *kraft* ou outro material adequado.

Recorram ao uso de cores e imagens para compor um mural atrativo. Não se esqueçam de escolher um título para o mural que sintetize os temas apresentados nos textos.

Raíssa Bulhões/ID/BR

Olá, oralidade

Seminário

O seminário é uma apresentação oral que tem a finalidade de expor, de forma organizada, determinado assunto a uma plateia. Geralmente, ao final da exposição, é reservado um tempo para que os ouvintes interajam com o expositor, fazendo perguntas sobre o que foi apresentado.

Neste capítulo, você produziu, em grupo, um texto expositivo relacionado a crianças e adolescentes e o expôs em um mural na escola. Para isso, o grupo selecionou um tema e pesquisou sobre ele. Agora, vocês vão organizar um seminário para apresentar o resultado da pesquisa à turma.

Orientações para a produção

1. Reúna-se com o mesmo grupo com o qual você trabalhou na seção *Dando asas à produção* e retomem o texto expositivo produzido.
2. Pensem no público do seminário: os colegas de classe. O que eles provavelmente já sabem sobre o assunto? Que informações seriam enriquecedoras? A partir dessas reflexões, selecionem no texto expositivo as informações que devem ser apresentadas no seminário.
3. Avaliem a possibilidade de utilizar materiais gráficos, como vídeos, imagens e tabelas, para compor a apresentação. Caso vocês já tenham usado imagens no texto expositivo, elas poderão ser complementadas e compartilhadas no seminário. Se não utilizaram recursos visuais no texto produzido anteriormente, vocês poderão pesquisar materiais nesse formato para que sejam apresentados no seminário.
4. Se houver condições, vocês também podem usar o computador para organizar a apresentação do seminário.

Raíssa Bulhões/ID/BR

Preparação da fala

1. Combinem com o professor o tempo que cada grupo terá para fazer a apresentação.
2. Organizem a exposição em partes, de modo que cada integrante do grupo seja responsável por um ou mais itens. Apesar de cada integrante apresentar uma parte, todos devem estar por dentro do conteúdo.

3. Em um seminário, a exposição costuma seguir esta estrutura:
   - Abertura: cumprimento ao público e fala sobre o objetivo da exposição.
   - Introdução: apresentação do tema a ser exposto, mencionando os tópicos que serão abordados.
   - Desenvolvimento: exposição das informações pesquisadas, utilizando materiais de apoio, como imagens, gráficos e tabelas.
   - Conclusão: comentário final ao público sobre o tema abordado.
   - Encerramento: agradecimento ao público e tempo para perguntas e comentários dos ouvintes.
4. É importante que cada integrante do grupo estude sua fala com antecedência para apresentar o seminário sem a necessidade de leitura. Preparem esquemas com palavras-chave, ideias principais e outros dados. Tenham esses esquemas em mãos na hora da exposição.

Raissa Bulhões/ID/BR

5. Durante a apresentação, atentem-se para a postura, o tom de voz e a pronúncia das palavras. O objetivo é passar as informações de modo claro, para que todos compreendam o que está sendo falado. Em uma apresentação como essa, também é importante usar a linguagem formal.
6. Fiquem atentos às reações da plateia. Se perceberem que algo não foi compreendido, expliquem de outra maneira, dando exemplos.
7. Ao final, perguntem aos colegas se há dúvidas sobre o assunto exposto e se querem realizar algum comentário sobre o conteúdo da apresentação. Havendo manifestação da plateia, respondam às perguntas ou aos comentários, dialogando com o público.

Avaliação

Avaliem, com os colegas e o professor, os seminários apresentados, respondendo às seguintes questões:

- **Os grupos conseguiram a atenção da turma?**
- **Todos os alunos colaboraram e participaram das apresentações?**
- **Que recursos utilizados contribuíram para explicar os temas abordados?**
- **Quais foram as dificuldades encontradas pelos expositores?**
- **O que pode ser melhorado nas próximas apresentações orais?**

Navegar na leitura

Na seção *Navegar na leitura* anterior, você aprendeu que alguns povos indígenas celebram a transição da infância para a vida adulta por meio de uma série de ritos de passagem.

A adolescência representa uma das fases de mudança mais significativas de nossa sociedade. Nessa fase, meninos e meninas vivenciam uma série de transformações físicas, emocionais e comportamentais. ACESSE O RECURSO DIGITAL ACESSE O RECURSO DIGITAL

- **O título da reportagem abaixo é uma pergunta. Que resposta você daria a ela?**

http://mundoestranho.abril.com.br/cotidiano/por-que-a-adolescencia-e-uma-fase-tao-dificil

Por que a adolescência é uma fase tão difícil?

Você não é mais criança e ainda não é adulto

Por Geiza Martins

Werllen Holanda/Mundo Estranho/Abril Stock

Porque é uma fase de mudanças físicas, psicológicas e sociais. Essa etapa marca exatamente a transição da infância para a idade adulta – segundo a Organização Mundial de Saúde, a adolescência começa aos 10 e termina aos 20 anos. Durante esse período, o corpo muda e as ideias também. Como é tudo ao mesmo tempo, é normal que aconteçam conflitos internos e externos. Segundo a psiquiatra e psicanalista Helena Masseo de Castro, a sensação de dificuldade não pode ser considerada como regra, pois cada indivíduo tem uma experiência única de vida. "Nas famílias em que há diálogo, conversa, intimidade, carinho e confiança, a adolescência é mais leve, pois o amor entre pais e filhos é a base do amor-próprio, da autoestima", afirma. Além disso, vale lembrar que pessoas de classes sociais mais baixas podem ter problemas de adulto nessa fase, que se sobrepõem às questões da adolescência.

A mente

O período de indefinição entre criança e adulto gera alguns enfrentamentos psicológicos, como a perda da proteção dos pais, a necessidade de desenvolvimento da **autonomia** e a construção de uma identidade, inclusive a sexual. Tudo isso **acarreta** novas emoções, percepções e reflexões.

Autonomia: condição de independência para tomar suas próprias decisões.
Acarretar: causar, motivar.
Progenitor: pai ou mãe de um indivíduo.

Os pais

Os **progenitores** perdem a característica de benfeitores e viram educadores, fontes de ordens, tarefas e exigências. Essa transformação pode ser encarada com contrariedade pelo filho, que no fundo gostaria de continuar sendo mimado. O adolescente também passa a enxergar as imperfeições dos pais, antes vistos como heróis. Daí pode surgir certa decepção.

O comportamento

Com a capacidade de raciocínio mais desenvolvida, o adolescente ganha novas responsabilidades e papéis, tornando-se um novo ser social. Em casa, a hora de lazer pode se transformar em tarefas adultas, como cuidar do irmão. Na escola, é preciso escolher sua futura carreira. Na sociedade, há de se conquistar um emprego. Nos relacionamentos, é preciso buscar parceiros(as).

O corpo

As transformações físicas e biológicas mantêm o adolescente em crescimento até a idade de 16 a 19 anos. Nessa fase ocorre também a puberdade, ou seja, o amadurecimento sexual. Nas meninas, entre 10 e 14 anos, inicia-se a formação de quadris e o crescimento dos seios, mamilos e pelos pubianos. Nos rapazes, dos 12 aos 16, surgem os pelos pubianos e aumentam o escroto e o pênis.

[...]

A invenção da adolescência

Os adolescentes só surgiram há cerca de 70 anos. Até o século 19, a sociedade não concebia a ideia de uma fase transitória. Naquela época, o indivíduo deixava de ser criança entre 10 e 14 anos e passava à vida adulta. De um dia para o outro, começava a imitar o jeito de vestir e falar dos adultos, além de adquirir as mesmas obrigações e gostos. Quem criou o termo "adolescente" foi o psiquiatra Granville Stanley Hall, em 1898. Entretanto, a palavra pegou mesmo após a 2ª Guerra, quando nasceu o *rock'n'roll* e a revolução cultural que afetou somente os mais jovens.

Geiza Martins. Por que a adolescência é uma fase tão difícil? *Mundo Estranho*, 2 out. 2015. Disponível em: <http://mundoestranho.abril.com.br/cotidiano/por-que-a-adolescencia-e-uma-fase-tao-dificil>. Acesso em: 5 jan. 2018.

Ler para compreender

1 Qual é o tema da reportagem "Por que a adolescência é uma fase tão difícil?"?

2 O título do texto está na forma de pergunta. O que isso sugere?

- [ ] Uma forma de chamar a atenção do público-alvo do texto.
- [ ] Um diálogo entre as personagens do texto.
- [ ] Uma forma de explicar um dos assuntos que será tratado no texto.

Raíssa Bulhões/ID/BR

3 Observe a organização da reportagem.

a. Que elemento acompanha o texto da reportagem?

b. Além do título e do subtítulo, que outras divisões ajudam a organizar as informações apresentadas?

c. As divisões identificadas no item anterior facilitam a leitura? Por quê?

d. Por que a primeira frase do texto aparece destacada?

4 Releia o subtítulo localizado logo após o título da reportagem.

a. A quem se refere a palavra **você** nesse subtítulo?

b. Pela informação trazida no subtítulo, é possível concluir que a reportagem se destina:

- [ ] a crianças.
- [ ] a adolescentes.
- [ ] a adultos.

5 No início do texto foi reproduzida a opinião de uma pessoa.

Você não é mais criança e ainda não é adulto

Raissa Bulhões/ID/BR

a. No meio do texto, há outra fala. De que forma ela aparece no texto?

____

b. De quem é a opinião reproduzida no texto?

____

____

c. Procure no dicionário os significados de **psiquiatria** e **psicanálise** e explique por que essa pessoa foi escolhida para opinar sobre adolescência.

____

____

____

____

6 Responda às questões do quadro com informações do tópico "A invenção da adolescência".

A ideia de adolescência sempre existiu? Comente.	
Antigamente, quando a criança se tornava adulta?	
Como a criança se tornava adulta?	

7 Leia estas afirmações retiradas do texto e assinale **O** (opinião) ou **F** (fato).

☐ Durante a adolescência, o corpo muda e as ideias também.

☐ As transformações físicas e biológicas mantêm o adolescente em crescimento até a idade de 16 a 19 anos.

☐ Segundo a psiquiatra e psicanalista Helena Masseo de Castro, a sensação de dificuldade não pode ser considerada uma regra.

8 Observe novamente a ilustração que acompanha a reportagem. Nela:

☐ vemos três pessoas de uma mesma família.

☐ vemos uma mesma pessoa em três diferentes fases da vida.

9 Na ilustração, o adolescente observa o reflexo de sua imagem no espelho de duas maneiras. Quais são elas?

Werllen Holanda/Mundo Estranho/Abril Stock

10 Com base na ilustração, apresente duas características:

a. da criança.

b. do adolescente.

c. do adulto.

11 No balão de fala do adulto, há um símbolo. Que símbolo é esse? Considerando a situação apresentada, o que ele indica?

12 Observando os três ambientes retratados na ilustração, o que se pode dizer sobre a condição social desse adolescente? Comente.

13 De que forma a ilustração se relaciona com o conteúdo do texto?

Caminhos da língua

Uso de **traz/trás, sessão/seção, assento/acento**

1 Leia a tira abaixo.

Quino. *Toda Mafalda*. São Paulo: Martins Fontes, 2003. p. 171.

a. No primeiro quadrinho, Mafalda apresenta um livro a seu amigo Miguelito. Segundo ela, o que torna esse livro interessante?

____

____

b. No segundo e no terceiro quadrinho, o que Miguelito parece fazer?

____

c. No terceiro quadrinho, o que a expressão de Mafalda, associada ao balão de pensamento, demonstra?

____

____

d. O que Miguelito está procurando no livro? Por que ele procura esse objeto?

2 **Releia a fala de Mafalda no primeiro quadrinho.**

> Este livro **traz** um bom conselho, Miguelito: "Conhece a ti mesmo".

a. Qual palavra tem sentido semelhante ao da palavra destacada?

☐ entrega ☐ leva ☐ oferece

b. A palavra destacada é um:

☐ substantivo. ☐ verbo. ☐ adjetivo.

c. Leia as frases a seguir.

A lua surgiu de **trás** do morro.
Eu olhei para **trás** e não te vi.
O pai guardou a mala na parte de **trás** do carro.

- As palavras destacadas indicam:

☐ parte anterior, na frente. ☐ parte posterior, atrás.

A palavra **trás** é utilizada para expressar a posição de um objeto, pessoa ou ação. Essa palavra é pronunciada exatamente igual a **traz** (do verbo **trazer**), mas escrita de modo diferente.

Em nossa língua existem outros pares de palavras que são pronunciadas da mesma maneira, mas que têm significado e escrita diferentes. É o caso de **sessão/seção** e **assento/acento**.

3 **Leia as frases abaixo e ligue as palavras destacadas ao seu significado.**

Arnaldo vai ao cinema na **sessão** das sete.

Joana está lendo a **seção** de esportes do jornal.

O Congresso Nacional marcou a **sessão** para votar o projeto.

Parte de uma publicação.

Tempo de duração de uma exibição ou reunião.

Raissa Bulhões/ID/BR

4 **Relacione as palavras destacadas nas frases aos significados indicados no quadro.**

☐ O ônibus tem 30 **assentos**.

☐ A palavra **açúcar** tem **acento** na letra **u**.

☐ Todas as proparoxítonas têm **acento**.

☐ No ingresso vem indicado o **assento** que você deve ocupar.

A Lugar em que se pode sentar.

B Sinal gráfico.

Jogos e brincadeiras

Construindo sentido

1 Complete as frases com as palavras **sessão, seção, acentos, assentos, trás** e **traz**. Depois, encontre essas palavras no diagrama a seguir.

a. A ______________ de cinema estava com muitos ______________ ocupados. Só encontrei lugar vago na parte de ______________.

b. No livro, há uma ______________ que ______________ explicações sobre o uso dos ______________.

S	C	T	R	Á	S	S	R	O	P	V	E	S	Q
A	I	G	P	R	A	S	S	E	N	T	O	S	H
C	S	S	E	N	I	B	A	R	N	T	Y	I	E
E	P	B	S	E	S	S	Ã	O	E	I	R	J	E
N	A	I	B	B	R	V	O	M	E	N	Y	E	S
T	D	E	S	P	E	S	T	S	E	Ç	Ã	O	R
O	Q	C	E	T	U	O	L	E	A	R	D	E	S
S	N	A	T	R	A	Z	C	V	M	A	Z	O	P

2 Aqui vai um quebra-cabeça! Observe as frases abaixo e numere-as para organizar o texto sobre diversidade corporal do ser humano.

Dica
Observe os sinais de pontuação e o uso de letras maiúsculas.

- [ ] há altos, baixos, magros e gordos;
- [ ] de pele clara ou escura.
- [ ] Nenhuma pessoa é igual a outra:
- [ ] os cabelos, lisos ou crespos.
- [ ] Os olhos podem ser negros, castanhos, verdes ou azuis;

Míni Larousse do corpo humano. São Paulo: Larousse do Brasil, 2003. p. 4

Dando asas à produção

Roteiro para reportagem digital

O texto "Por que a adolescência é uma fase tão difícil?", reproduzido na página 238, é uma reportagem digital. Ele foi publicado no *site* de uma revista. Nesta seção, você vai elaborar um roteiro para uma reportagem digital.

ID/BR

http://mundoestranho.abril.com.br/cotidiano/por-que-a-adolescencia-e-uma-fase-tao-dificil

Por que a adolescência é uma fase tão difícil?

Você não é mais criança e ainda não é adulto

Por Geiza Martins

Porque é uma fase de mudanças físicas, psicológicas e sociais. Essa etapa marca exatamente a transição da infância para a idade adulta – segundo a Organização Mundial de Saúde, a adolescência começa aos 10 e termina aos 20 anos. Durante esse período, o corpo muda e as ideias também. Como é tudo ao mesmo tempo, é normal que aconteçam conflitos internos e externos. Segundo a psiquiatra e psicanalista Helena Masseo de Castro, a sensação de dificuldade não pode ser considerada como regra, pois cada indivíduo tem uma experiência única de vida. "Nas famílias em que há diálogo, conversa, intimidade, carinho e confiança, a adolescência é mais leve, pois o amor entre pais e filhos é a base do amor-próprio, da autoestima", afirma. Além disso, vale lembrar que pessoas de classes sociais mais baixas podem ter problemas de adulto nessa fase, que se sobrepõem às questões da adolescência.

O que vou produzir

Neste capítulo, você leu e produziu um texto expositivo e um seminário sobre um tema relacionado a crianças e adolescentes do Brasil e do mundo. O roteiro para a reportagem digital que você vai produzir será sobre o tema desenvolvido pelo seu grupo no texto expositivo e no seminário. Para realizar a produção textual, leia as orientações a seguir.

Orientações para a produção

1. Reúna-se com o mesmo grupo com o qual você produziu o texto expositivo e o seminário. Retomem o texto que vocês escreveram e as anotações utilizadas para o seminário.
2. Selecionem as informações presentes no texto expositivo e apresentadas no seminário que o grupo julga importantes para compor a reportagem.
3. Após essa etapa, respondam às perguntas a seguir. Elas ajudarão a organizar o roteiro da reportagem.
   a. Qual é o tema da reportagem?
   b. Quais informações serão abordadas na reportagem?
   c. Dessas informações, quais podem ser apresentadas por meio de vídeo? Onde esse(s) vídeo(s) pode(m) ser encontrado(s)?

d. Alguma informação da reportagem pode ser ilustrada por imagens?

e. Há possibilidade de utilizar uma entrevista em vídeo durante a reportagem? Qual?

f. É possível utilizar gráfico ou tabela para complementar as informações?

4. Após responder às perguntas, pesquisem em *sites* vídeos, imagens e gráficos que podem ser utilizados na reportagem digital.

5. Em seguida, especifiquem como a reportagem será organizada. Não é necessário escrever o texto da reportagem. O objetivo é preparar um roteiro para ela, ou seja, definir os tópicos que serão abordados e a sequência em que vão aparecer na reportagem. Para isso, indiquem a ordem em que as informações serão apresentadas e os respectivos vídeos, imagens, entrevistas, etc. que serão utilizados, acompanhados dos endereços eletrônicos dos *sites* em que se encontram e das respectivas fontes e créditos.

Raíssa Bulhões/ID/BR

Avaliação e reescrita

Pintem **sim** ou **não** para cada uma das perguntas a seguir.

1. O roteiro da reportagem apresenta a relação das informações em uma ordem coerente para o desenvolvimento do tema tratado?	Sim	Não
2. Há uso de recursos digitais (fotos, vídeos, entrevistas, etc.) a fim de desenvolver o tema abordado?	Sim	Não
3. Os recursos digitais estão relacionados com as informações elencadas?	Sim	Não
4. Foram indicados os endereços eletrônicos dos *sites* em que os recursos digitais se encontram?	Sim	Não

Façam as alterações que julgarem necessárias no roteiro a fim de aprimorá-lo. Em seguida, passem o roteiro a limpo.

Circulação do texto

Com base no roteiro, vocês podem produzir a reportagem. Depois de pronta, ela pode ser postada, com a ajuda do professor, no *site* ou *blog* da escola, caso isso seja possível. Dessa forma, vocês poderão apresentar suas produções à comunidade extraescolar.

Ritos de passagem em comunidades indígenas

O contato com outras culturas trouxe modificações às sociedades indígenas; porém, muitos povos ainda mantêm suas tradições.

Entre os Kalapalo, que habitam a região do Alto Xingu, no nordeste do Mato Grosso, a passagem da infância para a vida adulta ocorre separadamente para meninos e meninas. Mas os dois grupos passam por um período de reclusão, em que ficam isolados do restante da aldeia e aprendem tarefas importantes que deverão realizar em sua nova fase da vida.

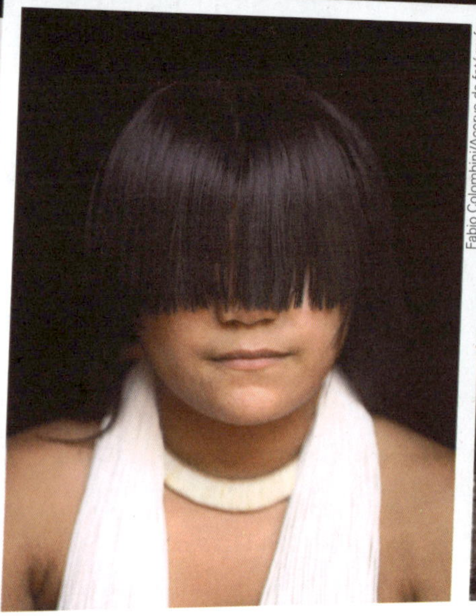

Fabio Colombini/Acervo do fotógrafo

Menina indígena recém-saída do período de reclusão, com franja sem cortar. Povo indígena Kalapalo. Aldeia Aiha, Parque Indígena do Xingu (MT) 2011.

Em geral, o pai orienta os meninos quanto às qualidades que deverão ter quando adultos. Ele também transmite as histórias de seu povo e ensina atividades, como a pesca.

Já a mãe cuida da aprendizagem das meninas, ensinando a elas o artesanato, o preparo de alimentos, o canto e a dança. Durante a reclusão, alguns alimentos não podem ser ingeridos e as meninas deixam sua franja crescer até o queixo.

Ao final da reclusão, tanto meninas quanto meninos são apresentados novamente à aldeia, agora como adultos. Essa apresentação é feita durante o Kuarup, uma comemoração muito importante para os Kalapalo.

Rita Barreto/Acervo da fotógrafa

Meninos indígenas saindo da reclusão durante o Kuarup. Aldeia Ipatse, Alto Xingu (MT) 2012.

Os indígenas do povo Xavante, de diferentes partes do Mato Grosso, também passam por períodos de preparação entre a vida infantil e a adulta. Nesses períodos, eles aprendem tarefas e comportamentos essenciais para a etapa seguinte. Ao sair da infância, os meninos ficam em uma casa separada da casa de sua família. Já as meninas continuam na mesma habitação que os familiares, até o final da reclusão.

Rosa Gauditano/Studio R

Jovens Xavante participam do ritual Wai'á, de passagem para a adolescência e para a vida adulta. Aldeia Etenhiritipá, Terra Indígena Pimentel Barbosa (MT) 2016.

Rosa Gauditano/Studio R

Renato Soares/Pulsar Imagens

1 Por que os ritos de passagem são tão importantes nas comunidades indígenas?

2 Em sua família ou comunidade, quais acontecimentos indicam a passagem da infância para a adolescência? Esses acontecimentos são iguais para todos?

3 Em sua opinião, há uma diferença muito grande entre ser criança, adolescente ou adulto? Por quê?

Aprender sempre

ACESSE O RECURSO DIGITAL

1 Leia a seguir o trecho de um texto sobre a adolescência.

Da infância para a adolescência

“A adolescência é um segundo parto. É um nascer da família para entrar na sociedade. É pertencer a um novo grupo social, a turma de iguais ou pares.” A frase do psiquiatra e educador Içami Tiba define bem esse momento de transição. [...]

Raíssa Bulhões/ID/BR

A psicóloga Rosely Sayão, especialista em assuntos que envolvem crianças, adolescentes, pais e educadores, complementa: “Vamos reconhecer: passar pela adolescência, no mundo contemporâneo, não é fácil para os filhos. Eles sentem toda a pressão social em relação à aparência, para que sejam felizes, para que sejam apreciados por muitos de seus pares e para que estejam sempre conectados com o mundo virtual. São muitas as demandas que eles acreditam precisar atender para ter lugar no mundo, e buscam soluções por todos os lados para tanto”.

O livro *Estatuto da Criança e do Adolescente Comentado*, coordenado por Munir Cury, integrante da comissão redatora do Estatuto da Criança e do Adolescente (ECA), afirma que apesar do consenso geral de que criança é criança e adolescente é adolescente, há ainda um caminho longo a ser percorrido no que se refere ao reconhecimento pleno das necessidades e limitações singulares da infância e da adolescência. Muitas vezes, as diferenças entre crianças e adultos é ignorada. [...]

Childhood Brasil. Disponível em: <http://www.childhood.org.br/da-infancia-para-a-adolescencia>. Acesso em: 8 jan. 2018.

a. Leia a definição abaixo, extraída de um dicionário.

parto <par.to> s.m. Expulsão do feto ao final da gestação.

Dicionário didático. São Paulo: Edições SM, 2009. p. 599.

- Por que Içami Tiba classifica a adolescência como um “segundo parto”?

____

____

b. A palavra **parto** é usada em sentido literal ou figurado? Explique.

____

____

2 **Releia a seguinte passagem, extraída do texto.**

> A psicóloga Rosely Sayão, especialista em assuntos que envolvem crianças, adolescentes, pais e educadores, complementa: “Vamos reconhecer: passar pela adolescência, no mundo contemporâneo, não é fácil para os filhos [...]”.

a. Sublinhe os trechos que mencionam o conhecimento profissional de Rosely Sayão.

b. A quais grupos de pessoas, citados no texto, o conhecimento dessa especialista está ligado?

____

c. Qual é o papel da vírgula no trecho identificado no item anterior?

____

____

d. No texto acima, o sinal de dois-pontos apresenta duas funções diferentes. Quais são elas?

____

____

____

3 **Com base na leitura dos textos estudados neste capítulo e nas reflexões sobre as mudanças próprias da fase de vida que você está atravessando, converse com o professor e os colegas sobre as questões abaixo.**

Saber Ser

a. Se você fosse representar sua infância por meio de um objeto, música ou filme, qual seria? E qual você escolheria para representar a fase que está vivendo agora?

b. Quais são as principais mudanças que você observa em si mesmo e em seus colegas nessa fase da vida?

c. Que importância você atribui aos amigos e à família nesse momento de transição?

Vamos compartilhar!

Adolescência em foco

Os rituais de passagem são importantes por valorizarem os momentos de mudanças e descobertas. Você está vivendo a transição para a adolescência, que consiste em uma nova fase de vida, e muito em breve vai também iniciar uma nova etapa da vida escolar. Vamos organizar um momento especial para conversar sobre essas mudanças?

Combinem com o professor a realização de um encontro no qual ocorram atividades relacionadas às dúvidas e aos sentimentos mais comumente experimentados no início da adolescência. Para esse encontro, convidem os pais ou responsáveis e demais familiares. Será um bom momento para que eles conheçam um pouco mais sobre o que você e os colegas pensam acerca do assunto.

Antes do encontro: conversa na sala de aula

Seguindo a orientação do professor, a turma vai realizar a seguinte dinâmica: cinco alunos voluntários deitarão sobre um pedaço de papel bem grande; então, outros cinco voluntários farão o contorno do corpo desses que se deitaram.

Feito isso, os contornos desenhados serão afixados na parede da sala de aula. Em cada um deles, o professor vai colar algumas perguntas. A ideia é que vocês conversem sobre essas perguntas e manifestem suas opiniões. O professor anotará os comentários da turma nos próprios desenhos.

No final da conversa, cada um de vocês deve pensar em três perguntas que gostaria de fazer a um familiar sobre a transição para a adolescência e as mudanças que está vivendo. Escreva essas perguntas em um pedaço de papel, sem se identificar, e dobre-o. O papel será depositado em uma caixa providenciada pelo professor.

Durante o encontro

Combinem com o professor um dia para o encontro e convidem seus pais e responsáveis. Nesse dia, organizem espaços para os seguintes momentos:

- **1º momento** – Recepção dos convidados e apresentação do projeto.

- **2º momento** – Os convidados devem ficar em um local, na sala de aula, por exemplo, e vocês em outro. Enquanto vocês realizam atividades interativas sobre o tema "Adolescência", monitorados por um professor, os convidados permanecem com o professor da turma. Esse professor vai ler aos convidados as perguntas que foram depositadas na caixa, a fim de que eles saibam quais são as dúvidas da turma em relação à adolescência. Em seguida, os convidados serão solicitados a escrever para vocês algo que se refira a essa fase e à importância do diálogo na família.
- **3º momento** – Todos voltam a compartilhar o mesmo espaço, agora ambientado com as cinco silhuetas feitas anteriormente. Presenteiem os convidados com o livro-catálogo confeccionado no capítulo 7, contendo os artigos de opinião da turma. Expliquem a eles que, por meio da leitura dos textos, poderão conhecer as opiniões de vocês sobre diversos assuntos. Na sequência, os familiares entregarão aos alunos o que escreveram. Por fim, todos devem observar os cartazes nos quais as silhuetas foram desenhadas e ler os conteúdos que estão escritos nos desenhos.

Avaliação

- Você gostou de participar das atividades que tratam das mudanças típicas da adolescência?
- Os textos lidos no capítulo, a dinâmica realizada na sala de aula e o encontro com os responsáveis facilitaram o diálogo familiar?
- Se houvesse um novo encontro, sobre quais outros assuntos você gostaria de conversar? Quais atividades realizariam?

Raissa Bulhões/ID/BR

Sugestões de leitura

Scipione/Arquivo da editora

Guerra dentro da gente, de Paulo Leminski.
Editora Scipione.

O livro aborda a história de um menino pobre e um homem velho que se oferece para transmitir ao menino alguns ensinamentos. Ele aceita a oferta e decide acompanhar o homem em uma viagem. Durante essa viagem, o garoto amadurece e passa a entender melhor a vida e os próprios sentimentos.

Matilda, de Roald Dahl.
Editora WMF Martins Fontes.

Matilda é uma garota de 5 anos que passa horas na biblioteca, devorando um livro atrás do outro. Os pais não veem com bons olhos os hábitos da menina, e a diretora da escola (alguém que não acredita que uma criança pode saber muitas coisas) acha que Matilda simplesmente finge ser inteligente.

Martins Fontes/Arquivo da editora

Record/Arquivo da editora

O menino no espelho: o que você quer ser quando crescer?, de Fernando Sabino.
Editora Record.

O menino Fernando conta a história de sua infância em Belo Horizonte, entre as décadas de 1920 e 1930. As travessuras com os amigos, a relação com os pais, o amor aos bichos, o primeiro amor; tudo é mostrado do ponto de vista da criança.

Bibliografia

Arroyo, Miguel G. *Ofício de mestre*: imagens e autoimagens. 15. ed. Petrópolis: Vozes, 2017.

Bakhtin, Mikhail. *Estética da criação verbal*. Trad. Paulo Bezerra. 4. ed. São Paulo: Martins Fontes, 2003.

Braggio, Silvia Lúcia Bigonjal. *Leitura e alfabetização*: da concepção mecanicista à sociopsicolinguística. Porto Alegre: Artmed, 2002.

Brasil. Ministério da Educação. *Base nacional comum curricular*. Brasília: MEC, 2017.

______. Ministério da Educação. Secretaria de Educação Básica. Diretoria de Apoio à Gestão Educacional. *Pacto nacional pela alfabetização na idade certa*. Brasília: MEC/SEB, 2012. Anos 1-3.

______. Ministério da Educação. Secretaria de Educação Básica. Secretaria de Educação Continuada, Alfabetização, Diversidade e Inclusão. Conselho Nacional da Educação. *Diretrizes curriculares nacionais gerais da educação básica*. Brasília: MEC/SEB/DICEI, 2013.

______. Ministério da Educação. Secretaria de Educação Básica. *Pró-letramento*: programa de formação continuada de professores dos anos/séries iniciais do Ensino Fundamental – alfabetização e linguagem. Ed. rev. e ampl. incluindo SAEB/Prova Brasil matriz de referência. Brasília: MEC/SEB, 2008.

______. Ministério da Educação. Secretaria de Educação Continuada, Alfabetização, Diversidade e Inclusão. *História e cultura africana e afro-brasileira na Educação Infantil*. Brasília: MEC/SECADI; São Carlos: UFSCar, 2014.

Bronckart, Jean-Paul. *Atividade de linguagem, textos e discursos*: por um interacionismo sócio-discursivo. São Paulo: Educ, 2003.

Cagliari, Luiz Carlos. *Alfabetização e linguística*. 10. ed. São Paulo: Scipione, 2006.

Carvalho, Marlene. *Guia prático do alfabetizador*. 5. ed. São Paulo: Ática, 2007.

Colomer, Teresa. *Andar entre livros*: a leitura literária na escola. Trad. Laura Sandroni. São Paulo: Global, 2007.

______; Camps, Anna. *Ensinar a ler, ensinar a compreender*. Porto Alegre: Artmed, 2002.

Fávero, Leonor Lopes; Andrade, Maria Lúcia da Cunha V. de Oliveira; Aquino, Zilda Gaspar de. *Oralidade e escrita*: perspectivas para o ensino de língua materna. 5. ed. São Paulo: Cortez, 2005.

Ferreiro, Emilia. *Com todas as letras*. 17. ed. São Paulo: Cortez, 2010.

______; Teberosky, Ana. *Psicogênese da língua escrita*. Ed. comemorativa de 20 anos. Porto Alegre: Artes Médicas, 1999.

Franchi, Eglê Pontes. *Pedagogia da alfabetização*: da oralidade à escrita. São Paulo: Cortez, 2006.

______. O conflito sociolinguístico nos primeiros anos de escolaridade. *Anais do II Simpósio Nacional do GT de Sociolinguística da ANPOLL*. Rio de Janeiro: Timing/UFRJ/CNPq, 1996.

Freitas, Maria Teresa de Assunção. *Vygotsky e Bakhtin*: psicologia e educação – um intertexto. São Paulo: Ática, 2012.

Geraldi, João Wanderley. *Portos de passagem*. 5. ed. São Paulo: Martins Fontes, 2013.

______ (Org.). *O texto na sala de aula*. São Paulo: Ática, 2002.

Grossi, Esther Pillar. *Didática do nível alfabético*. 6. ed. Rio de Janeiro: Paz e Terra, 2008.

______. *Didática do nível silábico*. 9. ed. Rio de Janeiro: Paz e Terra, 2008.

Ilha, Susie Enke. *Consciência fonológica*: coletânea de atividades orais para a sala de aula. Curitiba: Appris, 2017.

Jolibert, Josette et al. *Formando crianças produtoras de textos*. Porto Alegre: Artmed, 1994.

Kleiman, Angela B. *Os significados do letramento*: uma nova perspectiva sobre a prática social da escrita. Campinas: Mercado de Letras, 2010.

Koch, Ingedore Villaça; Elias, Vanda Maria. *Ler e compreender*: os sentidos do texto. São Paulo: Contexto, 2006.

Lemle, Miriam. *Guia teórico do alfabetizador*. 16. ed. São Paulo: Ática, 2004.

Marcuschi, Luiz Antônio. *Da fala para a escrita*: atividades de retextualização. 10. ed. São Paulo: Cortez, 2011.

______. Gêneros textuais: definição e funcionalidade. In: Dionísio, Angela Paiva et al. *Gêneros textuais e ensino*. Rio de Janeiro: Lucerna, 2003.

Marinho, Janice Helena Chaves; Val, Maria da Graça Costa. *Variação linguística e ensino*: caderno do professor. Belo Horizonte: Ceale, 2006 (Coleção Alfabetização e Letramento).

MORAIS, Artur Gomes de. *Ortografia*: ensinar e aprender. 5. ed. São Paulo: Ática, 2009.

______. *Sistema de escrita alfabética*. São Paulo: Melhoramentos, 2012 (Coleção Como Eu Ensino).

MORIN, Edgar. *Os sete saberes necessários à educação do futuro*. São Paulo: Cortez; Brasília: Unesco, 2000.

NEVES, Iara Conceição B.; SOUZA, Jusamara; SCHÄFFER, Neiva; GUEDES, Paulo; KLÜSENER, Renita (Org.). *Ler e escrever*: compromisso de todas as áreas. 9. ed. Porto Alegre: Ed. da UFRGS, 2011.

PERRENOUD, Philippe. *Dez novas competências para ensinar*. Porto Alegre: Artmed, 2000.

PRETI, Dino (Org.). *Análise de textos orais*. São Paulo: Humanitas Publicações FFLCH/USP, 2003.

ROJO, Roxane. *Letramentos múltiplos, escola e inclusão social*. São Paulo: Parábola, 2009.

______; BATISTA, Antônio Augusto Gomes (Org.). *Livro didático de Língua Portuguesa, letramento e cultura da escrita*. São Paulo: Mercado de Letras, 2009.

SCHNEUWLY, Bernard; DOLZ, Joaquim. *Gêneros orais e escritos na escola*. Campinas: Mercado de Letras, 2004.

SOARES, Magda. *Alfabetização e letramento*. 5. ed. São Paulo: Contexto, 2007.

______. Letramento e alfabetização: as muitas facetas. *Revista Brasileira de Educação*, UFMG, ANPEd, n. 25, jan./fev./mar./abr. 2004. Disponível em: <http://www.scielo.br/pdf/rbedu/n25/n25a01.pdf>. Acesso em: 8 out. 2017.

SOLÉ, Isabel. *Estratégias de leitura*. Porto Alegre: Artmed, 1998.

VYGOTSKY, Lev Semenovich. *A formação social da mente*: o desenvolvimento dos processos psicológicos superiores. 6. ed. São Paulo: Martins Fontes, 2007.

ZABALA, Antoni. *Enfoque globalizador e pensamento complexo*: uma proposta para o currículo escolar. Porto Alegre: Artmed, 2002.